"十二五"国家重点图书出版规划项目

中国企业行为治理研究丛书

公司治理卷

SCP框架下独立董事价值评估体系研究

曲 亮 谢在阳 等 著

浙江工商大学出版社
ZHEJIANG GONGSHANG UNIVERSITY PRESS

图书在版编目(CIP)数据

SCP框架下独立董事价值评估体系研究 / 曲亮等著.
—杭州 ：浙江工商大学出版社，2018.8
ISBN 978-7-5178-2010-9

Ⅰ.①S… Ⅱ.①曲… Ⅲ.①董事—价值—评估—研究 Ⅳ.①F276.6

中国版本图书馆CIP数据核字(2016)第324574号

SCP框架下独立董事价值评估体系研究
曲　亮　谢在阳　等　著

责任编辑　谭娟娟
封面设计　林朦朦
责任印制　包建辉
出版发行　浙江工商大学出版社
(杭州市教工路198号　邮政编码310012)
(E-mail:zjgsupress@163.com)
(网址:http://www.zjgsupress.com)
电话:0571-88904980,88831806(传真)
排　　版　杭州朝曦图文设计有限公司
印　　刷　虎彩印艺股份有限公司
开　　本　710mm×1000mm　1/16
印　　张　13
字　　数　201千
版 印 次　2018年8月第1版　2018年8月第1次印刷
书　　号　ISBN 978-7-5178-2010-9
定　　价　42.00元

浙江工商大学出版社营销部邮购电话　0571-88904970

本著作是以下资助的成果：

◎ 浙江省哲学社会科学规划项目“S-C-P 视角下民营企业独立董事价值评估体系研究：理论体系与浙江实践”（编号 15NDJC151YB）

◎ 浙江省自然科学基金“高管异质性网络视角下董事会二元权力配置与国有企业治理机制研究”（编号 Y17G020030）

◎ 浙江省重点人文社科基地（浙江工商大学工商管理）重点资助项目成果

◎ 浙江省 A 类优势学科（浙江工商大学工商管理）重点项目资助成果

◎ 浙江省哲学社会科学项目“合规治理、家族控制、长远战略：代际传承背景下浙江家族企业董事会治理有效性问题研究”（编号 15JDZS01Z）

◎ 浙江省自然科学基金：基于制度合法性与行为有效性相结合的上市公司董事会治理有效性研究以及浙江实证（编号 LY16G020005）

◎ 浙江省重点建设高校优势特色学科（浙江工商大学工商管理）项目

◎国家自然科学基金面上项目“知识网络、社会网络的互动机制及其对企业创新绩效的影响研究”（编号 71772096）

总　序

企业是社会发展的产物，随着社会分工的开展而成长壮大。企业是现代经济中的基本单位，企业行为既是微观经济的产物，又是宏观调控的结果。就某种意义而言，企业的行为模式可被看成整个经济体制模式的标志。

从社会学的研究角度来看，人类社会就是一部社会变迁的进步史，社会变迁是一个缓慢的过程，而转型就是社会变迁当中的"惊险一跳"，意味着从原有的发展轨道进入新的发展轨道。三十多年来，我们国家对外开放、对内改革，实质上就是一个社会转型的过程。这一时期，从经济主体的构成到整个经济社会的制度环境都发生了巨大变迁，而国际环境也经历了过山车般的大起大落。"十一五"末期国际金融海啸来袭，经济急速下滑，市场剧烈震荡，危机对中国经济、中国企业的影响至今犹存。因此，国家将"十二五"的基调定为社会转型，将"十三五"作为战略关键期、历史机遇期。这无疑给管理学的研究提供了异常丰富的素材，同时也给管理学研究者平添了十足的压力。

作为承载管理学教学和科研任务的高校，如何在变革的时代有效地发挥自身的价值，以知识和人才为途径，传递学者对时代呼唤的响应，是一个非常值得思考的论题。这个论题关系到如何把握新经济环境下企业行为的规律，联系产业特征、地域特点，立足当下，着眼未来，为企业运营、政府决策提供有力的支持。

在国际化竞争和较量的进程中，中国经济逐渐显现出一种新观念、新技术和新体制相结合的经济转型模式。这种经济转型模式不仅是中国现代经济增长的主要动力，而且将改变人们的生产方式和生活方式，企业则是这一过程的参与者、推动者和促成者。因此，企业首先成为我们管理学研究者关注的焦点。在经济社会重大转型这一背景之下，一方面由于企业内部某种机理的紊乱，以及转轨时期企业目标的交叉连环性和多元性；另一方面由于外部环境的不合理作用，企业行为纷繁复杂，既有能对经济社会产生强劲推动作用的长远眼光，也存在破坏经济社会可持续发展的短视行为。随着经济和社会的进步，企业不仅要对营利负责，而且要对环境负责，并需要承担相应的社会责任。总体而言，中国企业在发展中面临许多新问题、新矛盾，部分企业还出现生产经营困难，这些都是转型升级过程中必然出现的现象。

"转型"大师拉里·博西迪和拉姆·查兰曾言："到了彻底改变企业思维的时候了，要么转型，要么破产。"企业是否主动预见未来，实行战略转型，分析、预见和控制转型风险，对于转型能否成功至关重要。如果一个企业想在它的领域中有效地发挥作用，行为治理可以涉及该企业将面临的更多问题；而如果企业想要达到长期目标，行为治理可以为其提供总体方向上的建议。在管理学研究领域，行为治理虽然是一个全新的概念，却提供了一个在新经济环境下基于宏观、中观和微观全视角来研究企业行为的良好开端。

现代公司制度特指市场经济中的企业法人制度，其特点是企业的资产所有权与资产控制权、经营决策权、经济活动的组织管理权相分离。于公司治理而言，其治理结构、方式等的选择和演化不仅受到自身条件的约束，同时还受到政治、经济、法律和文化等外部制度环境的影响。根据 North(1990)的研究，相互依赖的制度会构成制度结构或制度矩阵，这些制度结构具有网络外部性，并产生大量的递增报酬。这使得任何想改善公司治理的努力都会受到其他制度的约束，使得公司治理产生路径依赖。在这种情况下，要想打破路径依赖，优化治理结构，从制度设计角度出发进行行为治理，便是一个很好的思路。

此外，党的十八届四中全会提出"实现立法和改革决策相衔接，做到重大改革于法有据，立法主动适应改革和经济社会发展需要"的精神，而《中华人民共和国促进科技成果转化法修正案(草案)》的通过，使促进科技创新的制度红利得到依法释放。我国"十二五"科学和技术发展规划中明确指出，要把科研攻关与市场开放紧密结合，推动技术与资本等要素的结合，引导资本市场和社会投资更加重视投向科技成果转化和产业化。

新时期科技创新始于技术,成于资本,以产业发展为导向的科技创新需要科技资源、企业资源与金融资源的有机结合。因此,如何通过有效的企业行为治理,将各方资源进行有效整合,则成为促进科学技术向第一生产力转化所面临的新命题。

由上述分析可以发现,无论是从制度、科技、创新角度出发,还是从公司治理、企业转型角度出发,企业的目标都是可持续的生存和发展,而战略则成为企业实现这一目标的有效途径。战略强调企业与环境的互动,如何通过把握新时期、新环境来制订和执行有效的战略决策以获取竞争优势,则成为企业在新经济环境下应担起的艰巨任务。另外,企业制订发展战略的同时应当寻找能为企业和社会创造共享价值的机会,包括价值链上的创新和竞争环境的投资,即做到企业社会责任支持企业目标。履行战略型企业社会责任不只是做一个良好的企业公民,也不只是减轻价值链活动所造成的不利社会影响,而且要推出一些能产生显著而独特的社会效益和企业效益的重大举措。

浙江工商大学工商管理学院(以下简称“管理学院”)是浙江工商大学历史最长、规模较大的一所学院。其前身是 1978 年成立的企业管理系,2001 年改设工商管理学院。学院拥有工商管理博士后流动站和工商管理一级学科博士点,其学科基础主要是企业管理,该学科 1996 年成为原国内贸易部重点学科,1999 年后一直是浙江省重点学科,2006 年被评为浙江省高校人文社科重点研究基地,2012 年升级为工商管理一级学科人文社科重点研究基地。该研究基地始终围绕“组织、战略、创新”三个最具企业发展特征的领域进行研究,取得了较为丰硕的成果。本套丛书正是其中的代表。

经过多年的理论研究和实践尝试,我们认为中国企业经历了改革开放后三十多年的高速发展,已然形成自身的行为体系和价值系统,但是在国际环境的复杂多变及国内改革步入全面深化攻坚阶段的特殊历史背景下,如何形成系统的行为治理框架将直接决定中国企业可持续发展能力的塑造及核心竞争力的形成。

中国企业行为治理研究丛书以中国企业行为治理机制为核心,分“公司治理卷”“转型升级卷”“组织伦理卷”“战略联盟卷”“社会责任卷”“领导行为卷”“运营管理卷”七卷,从各个视角详细阐述中国企业行为治理的前沿理论及现实问题，首次对中国企业行为治理的发展做了全面、客观的梳理。丛书内容涵盖了中国企业行为的主要领域，其中涉及战略、组织、人力、创新、国际化、转型升级等宏观、中观、微观层次，系统完备；所有的分卷都是所属学科的最前沿研究主题，反映了国内外最新的发展动态，立足学术前沿；所有分卷的作者均具有博士学位，是名副其实的博士文集，其中包括该领域国内外知名的专家和学者；所有分卷的内容都是国家自然科学基金、国家社科基金及教育部基金的资助项目，体现了较强的权威性，符合国家科研发展方向。

本套丛书既是我们对中国企业行为治理领域相关成果的总结，也是对该领域未来发展方向探索的一次尝试。如果本套丛书能为国内外相关领域理论研究与实践探索的专家和学者提供一些基础性、建设性的意见和建议，就是我们最大的收获。

“谦逊而执着，谦恭而无畏”，既是第五级管理者的特质，也是我们从事学术研究的座右铭。愿中国企业行为治理研究能够真正实现“顶天立地、福泽万民”！

郝云宏

浙江工商大学工商管理学院院长　教授　博导

2014 年 11 月 15 日于钱塘江畔

前　言

早在20世纪40年代，国外便出现了有关独立董事的制度；到七八十年代，独立董事制度开始在美国盛行并对外扩散，欧洲、东南亚等的国家开始相继设立类似制度；90年代，按照港交所上市要求，内地赴港上市的企业在公司内部设立了独立董事，随后我国内地开始了独立董事制度的建设和发展；2001年，我国证监会正式发布了《关于在上市公司建立独立董事制度的指导意见》，这意味着独立董事制度在我国正式确立。

独立董事制度建立的初衷是抑制"内部人控制"和"控制权私利"行为的发生。独立董事能够在一定程度上规避大股东"掏空"的现象，保护中小股东的合法权益不受侵害，发挥监督控制职能，提高董事会专业化决策水平；并且能够利用自身的能力和专业素养为企业带来有价值的资源，保证企业的规范运作。但是在中国经济面临转型的情境下，独立董事在公司治理的实际作用中，更多地被当作"花瓶董事"，独立性受限，无法发挥实际效用。而随着社会网络理论的发展，该理论提出独立董事作为镶嵌于企业组织的一种关联个体，通过嵌入企业网络组织，依据自身的专业知识和网络资源为公司发展提供外部优势条件。那么，如何让独立董事履行职责并实现其应有的价值，就成为目前针对独立董事的研究要关注的一个焦点问题。同时，通过对以往研究的查阅，我们发现，以往对独立董事无法发挥价值的研究，只是简单地就某一方面陈述其原因，没有对其进行综合性评判。本书认为，造成独立董事形式大于内容的关键原因之一就是缺少独立董事的评价机制，以至于无法辨别到底是哪些因素妨碍了独立董事价值的实现。因此，进一步实现独立董事价值的关键就是构建独立董事价值评估体系。

本书针对当前独立董事功能失效而引发的诸多公司治理弊端状况，

通过对委托代理理论、社会网络理论等理论体系的回溯研究，对相关国家政策、法规等的制定与应用的分析，在独立董事制度和个体特征对企业绩效的影响的基础上，从独立董事“规则嵌入—能力嵌入—网络嵌入”的整体分析范式入手，探讨独立董事嵌入履职企业内部的动态过程、个体行为等微观机理。本书基于网络嵌入理论，建立了独立董事嵌入与企业间绩效的关联模型，并通过计量模型针对独立董事的三种嵌入对全样本、国有企业和民营企业的绩效影响分别进行实证研究，从而得到独立董事三种嵌入的效果。上述是对独立董事嵌入履职企业发挥价值做了前期探索性研究。随后，立足于“制度结构—行为特征—治理效果”的 SCP 框架，本书从制度结构、行为特征及治理效果三个主要维度，对独立董事发挥价值的内部机理进行分析。在对三个维度进行指标选择、指标处理的基础上，本书构建了独立董事价值评估体系，并以浙江民营上市公司为研究样本，对其价值评估体系进行有效性和应用性研究，以期揭开独立董事发挥价值的微观机理。建立有效的价值评估体系，为现有独立董事价值的有效发挥打下基础，有利于实现独立董事制度的本土化和实务化。

本书共分为 10 个章节。第 1 章为引言部分，阐述了进行独立董事研究的背景、意义、思路与方法，由此开始本书对独立董事价值评价体系的研究。

第 2 章是对涉及独立董事的研究文献的回溯。该章主要围绕理论研究、应用研究、实证研究和评价体系四个方面，对以往研究独立董事的情况进行回溯。通过对上述四个方面的回溯，本书发现：现有主流学派对独立董事的认识存在较大分歧；独立董事制度实施结果并未达到理想效用，甚至出现相反结果；独立董事价值如何有效发挥成为众多学者研究的重点。

第 3 章是对民营企业独立董事发挥价值的现实模式分析。通过对民营企业独立董事嵌入履职企业的三种现实模式案例的分析，本书发现，独立董事发挥价值的基础是做到规则嵌入，只有在规则嵌入的基础上，独立董事才能切实掌握企业的实际运营状态，而后做到能力嵌入和网络嵌入，并根据自己的专业素养和拥有的外部资源，为企业的经营发展出谋划策，发挥自身的价值。

第 4 章是对民营企业独立董事发挥价值的机理分析。该章提出独立董事的价值发挥不仅是一种降低委托代理成本的过程，更是自身网络关系嵌入的过程。独立董事通过规则嵌入、能力嵌入和网络嵌入，实现自身价值和企业资源的优势互补。

第 5 章是对民营企业独立董事发挥价值的实证分析。在第 3 章和第 4 章分析的基础上，该章通过对独立董事嵌入模式的定量化研究，发现独立董事规则嵌入在国有企业和民营企业中表现出不同的结果，独立董事能力嵌入能够为企业绩效带来促进效应，而独立董事网络嵌入对企业绩效的影响总体来看并不显著。通过进一步的研究，本书发现，在聘任独立董事时应综合评价独立董事的个人能力素质及所掌握的网络资源才有意义。

第 6 章是对独立董事价值评估体系的一般框架研究。独立董事价值的实现是一个在限定环境中受诸多主观和客观因素共同作用的过程。借鉴成熟的组织行为学理论，独立董事在现有治理制度框架中实现其价值需要考虑三个层次的问题：第一层次，公司治理的内部制度框架有没有为独立董事设计合理的行为边界，有没有为其营造加强工作意愿的内部治理环境，客观的内部制度结构可不可以保障独立董事价值的实现。第二层次，制度需要人来履行，独立董事价值的传导需要通过独立董事的一系列主观行为来实现，这就需要明确独立董事本身愿不愿意并且能不能够发挥其价值。第三层次，从治理效果中观察独立董事有没有发挥其价值，有没有“对症下药”。即独立董事在企业内部发挥价值的过程开始于不合理的内部制度结构，通过独立董事的主观行为来传导，最后在绩效中显现出来。因此，该章第一部分立足“制度结构—行为特征—治理效果”的 SCP 框架，在对内部制度结构分析的基础上，探索独立董事在企业内部的价值实现过程，提出独立董事的行为特征是其价值发挥的关键因素，治理效果是其价值实现的最好反映，而外部环境也是不可或缺的影响因素，上述全面涵盖了独立董事价值实现的所有环节。该章第二、第三部分在规范的综合评价研究框架基础上，对 SCP 框架的三个部分进行了指标选择和指标处理，形成了独立董事价值综合评估指标和三个分维度指数，构建了独立董事价值评估体系指标。

第 7 章是对独立董事价值评估体系的有效性研究。该章以浙江民营上市企业为研究样本，通过对指标进行熵值处理，再对其进行实证分析，发现科学合理的制度结构、独立董事尽责履职的态度和行为对四类代理成本进行控制所获得的治理效果与独立董事整体价值的实现存在显著的依存关系，其中独立董事的传导机制——独立董事尽责履职的行为尤为重要，是独立董事价值实现过程中最关键的环节，其次分别是合理的制度结构、直接的治理效果。另外，企业对上述四类代理成本的制约效果并不是由独立董事的监督行为产生的。虽然独立董事尽到了法律规定的义务和责任，但更多的是被动履行法律规定的任务，保证形式上完成了硬性工作，并没有主动发挥监督以降低代理成本的实质性作用。在综合评价得分中，治理效果得分对综合得分的贡献不大，但是在企业绩效的回归分析中，本书发现，真正影响绩效的因素是治理效果。

第 8 章是独立董事价值评估体系的应用研究。该章通过对浙江民营上市公司独立董事的价值进行全样本系统聚类分析，发现浙江民营上市公司的独立董事参与公司事务的模式可以分为三种：两职分离的“高效”模式，独立董事“谏言”模式，总经理“少量持股”模式。通过对 GQY 视讯的案例分析，探究独立董事价值评估体系的实际作用。

第 9 章是独立董事价值提升的策略研究。通过前述章节对独立董事价值评估体系的内在机理的分析和实证研究，该章提出要合理规范独立董事聘任制度，使独立董事的个人能力与工作角色相匹配，要基于公司治理转型背景审视独立董事制度的发展。

第 10 章是结论与后续研究方向。在总结本书研究成果的情况下，该章提出了本书研究的不足，并为进一步的研究提供可参考的方向。

本书的创新之处在于：第一，采用独立董事“规则嵌入—能力嵌入—网络嵌入”的整体分析范式，分析了独立董事嵌入履职企业的内部微观机理，并通过实证分析，研究了独立董事三种嵌入对企业绩效的影响，为后续独立董事价值评估体系做了前期探索性研究。第二，创新性地在公司治理领域引入产业组织理论中的 SCP 框架，探索“制度结构—行为特征—治理效果”分析框架下的独立董事在企业内部的价值实现过程，这全面涵盖了独立董事价值实现的所有环节。同时，在内在机理分析的基础上，本书将独立董事价值的实现划分为制度结构、行为特征及治理效果三个维度，并采用特定样本的权重指数和案例分析模式，分析了独立董事价值发挥的有效性和应用性，丰富并完善了独立董事价值评估体系方面的研究,使得独立董事价值评估体系趋于本土化和实务化,为后续的研究提供了可供参考的研究方向。

PREFACE

In the early 1940s, there have been regulations on the independent director system. In the seventies and eighties of the 20th century, independent director system began to prevail in the United States and diffuse around the world. Countries of Europe, Southeast Asia began to set up the similar system. In the 1990s, in accordance with the regulations listed on the HKEX, mainland China's enterprises listed in Hong Kong set up independent directors within the company. Then mainland China began to establish and develop the independent director system. In 2001, China Securities Regulatory Commission officially released the file of "Guidance on the Establishment of an Independent Director System in Listed Companies", which signifies that the independent director system in our country has been established formally.

The original intention of the establishment of the independent director system is to curb the "insider control" and "private benefits of control" behavior. The independent director can avoid the "tunneling" to a certain extent, protect legitimate interests of minority shareholders' from infringed, and effectively perform supervisory functions and improve the professional decision-making level of the board and the independent director is able to produce valuable resources for enterprises while using their own ability, professional accomplishment and cyber source that could ensure the standardized operation of business performance. However, during the period that China's economy is facing the transformation, the independent directors in the corporate governance are mostly treated as "vase directors". This also means that their independence is limited, and cannot play a practical role. The Social Network Theory proposes that independent director acting as an associated individual embedded in an organization through the embedded enterprise network organization use their own professional knowledge and network resources to provide external advantages for the development of the company. So, in the course of development of enterprises, how does the independent director realize their value? What is the micro mechanism of the independent director embedded in the enterprises? How to make independent director performing their functions and realizing their value is a focus at present research field and this issue should be further explored. Meanwhile, based on the review of previous papers, we find that the reason why independent director fails to realize their value is that it is merely a simple statement on some aspects, lacking a comprehensive evaluation. The key reason why independent director has no effect is that the evaluation mechanism of independent director has not been established. As a result, we are unable to discern what factors hinder the realization of the value of independent director. Therefore, the key to further promote the value of independent director is to establish an independent director value evaluation system.

In view of the current failure of the independent directors caused by corporate governance malpractice status quo, and through the study of principal — agent theory, social network theory and other theoretical system, the analysis of the formulation and application of relevant national policies and regulations, the book is based on the influence of independent director system and individual characteristics on enterprise performance, analyzes the micro-mechanism of the independent director embedded dynamic process, individual behavior and so on, which are embedded from the independent director "rules embed ability embed network embed". Based on the theory of network embed, the association model between the independent director embedded and the inter-firm performance is established, and the independent director's three embedded models are used to study the performance of the whole sample, state-owned enterprises and private enterprises respectively. It is the pre-exploratory research of the independent director embedded in the performance of enterprises to play the value. Then, based on the SCP frame, we establish a value evaluation system and divide into three dimensions including system structure, characteristics of independent directors' behavior and governance effect. Through these three dimensions, we did the analysis of the Internal Mechanism of the Independent Director Value. On the basis of the selection and processing of the three dimensions, we constructs the evaluation system of independent director, and use the Zhejiang private listed companies as the sample study to evaluate the effectiveness and application of its value assessment system, to reveal the micro-mechanism of independent director value, for the effective use of the value of the independent director, and to provide reference for the independent director of the system of localization and practice.

This book has ten chapters. The first chapter is the introduction, which expounds the background, significance, ideas and methods of the independent director's research, and begins with the study of the evaluation system of independent director. The second chapter is a retrospective study of independent director's research literature, mainly around the theoretical research, applied research, empirical research and evaluation system four aspects expounding. Through the backdrop of the four aspects, it is found that the existing mainstream schools have different disagreements about the independent director. The results of the independent director system has not achieved the desired effect, even the opposite result. How to effectively realize the value of independent director has become the focus of many scholars.

The third chapter is the analysis of the realistic model of the value of the independent director of private enterprises. Through the case study of three realistic models of independent director embedded business in private enterprises, we found that the basis of discovering the value of independent director is to achieve rules embedded, only on the basis of the rules embedded could effectively grasp the actual operating state of the enterprise, and achieve the ability and network embedded. Their professional qualities and external resources could contribute to the development of business plans, and realize their own value. The fourth chapter is the analysis of the mechanism of the value of the independent director of private enterprises. Proposing that it is not only a process to reduce the cost of principal-agent, but also the process of the relationship embedded. Through the rule embed, ability embed and network embed, independent director achieves the value of the advantages and complements the advantages of enterprise resources. The fifth chapter is an empirical analysis of the value of independent director in private enterprises. On the basis analysis of the third chapter and the fourth chapter, as well as the quantitative study of the embedded model of independent director, this chapter found that the rules embedded of independent director present different results between state-owned enterprises and private enterprises different results and the ability of ability embedded can bring benefits to business performance. While the impact of independent director network embedded on business performance is not significant, further research found that it is significant to consider the comprehensive evaluation of the individual ability and quality of the network resources when appointing an independent director.

The sixth chapter is a general framework for the evaluation of independent director. The existing researchers regard the value of independent director as a static result. In fact, the realization of their value is more like a process influenced by many subjective and objective factors in a limited environment. In order to clarify the whole process of the independent director value realization, an effective analysis method is to abstract the independent director as a job or special worker. In theory of organizational behavior, independent director achieves its value during such process: firstly, the internal institutional framework of corporate governance has created a system environment for work; secondly, the system mentioned above requires people to perform to covey value; finally, to observe governance results reflecting whether independent director realizing their value. Therefore, the first part of this chapter is based on the SCP framework of "Institutional Structure-Behavioral Characteristics-Effectiveness". According to the analysis of internal institutional structure, the independent director's behavior characteristic is the key link of its value, governance effect index is the best response to its value realization, and the external environment is also an indispensable factor. The second and third parts of this chapter are based on the normative comprehensive evaluation framework, which select and process the three parts of the SCP framework, and construct the index of independent director value evaluation system. The seventh chapter is the study of the effectiveness of the independent directors value evaluation system. According to a sample study based on the private enterprises in Zhejiang Province through the entropy of the indicators, it has been found that: the realization of independent director value is significantly influenced by reasonable system structure, independent director's attitudes and behavior and supervision effect. And as the transmission mechanism, independent director's behavior is especially important. In regression analysis, only governance effect directly impacts on the performance. This shows that even if internal governance behavior improvement has small proportion in value evaluation index, but produces an important effect on business performance. The eighth chapter is the application research of the independent director value evaluation system. This chapter is the cluster analysis of Zhejiang private listed companies. We find the sample can be roughly divided into three categories. Firstly, the general manager has appropriate stock ownership which gives him the incentive to work, but the chairman of the board is not the manager and do not have any share, that protects the independence of board. Secondly, independent director should say "no". The action that says "no" is an important behavior to show independent director's responsibility. Thirdly, the pattern that the large shareholders do not absolutely control the share and the manager has a small amount of ownership can promote the realization of the value of independent director. Through the case analysis of GQY video, it further explores the role of independent director value assessment system in practical application.

The ninth chapter is a strategy for the promotion of the value of independent director, through the internal mechanism analysis and empirical research on the evaluation system of independent director value in the above chapters. This chapter proposes that enterprise should properly regulate the appointment system of independent director, should match the personal ability and job roles of the independent director, should examine the development of independent director system based on the background of corporate governance transformation. The tenth chapter is the conclusion and follow-up study. In the case of summary of the book research results, we propose the lack research in this book to provide a reference for further research.

The tenth chapter consists of the conclusion and future research directions. In the case of all research results summarized, this chapter presents the limitation of this research, and also provides reference for further research direction.

The innovation of this book lies in: firstly, using the overall analysis paradigm of "rules embed ability embed network embed" of the independent director, analyzes the internal microcosmic mechanism of the independent director embedded in the performance enterprises, and through empirical analysis, this book studies the influence of three embedded modes of independent director on the performance of the firm, which undertakes a pre-exploratory study for the follow-up independent director value evaluation system. Secondly, introducing the SCP Framework of the Industrial Organization Theory into the Corporate Governance Field innovatively, and explores the independent director under the framework of " institutional structure behavioral characteristics-performance structure ", and the process of the independent director value in the enterprise. The SCP framework comprehensively covers all aspects of the value realization of independent director. Based on internal mechanism analysis, this book divides the realization of the value of independent director into three dimensions: institutional structure, independent director's behavior characteristics and governance effect, using the specific sample of the weight index and case analysis model to analyze the validity and applicability of the value of independent director, which enriches and perfects the evaluation system of independent director value, and makes the independent director value evaluation system tends to be localized and practical, providing a reference for the direction of the follow-up study.

目　录

Contents

图目录

Figure Contents

表目录

Table Contents

第1章 引 言

1.1 研究背景

2001 年，中国证监会正式发布了《关于在上市公司建立独立董事制度的指导意见》，这份文件的发布意味着我国独立董事制度的正式确立。独立董事制度因被视为能提高上市公司董事会专业化决策水平而纷纷被各国公司采纳。通过经典的委托代理理论可知，独立董事的引入可有效抑制“内部人控制”和“一股独大”的现象发生，能防止大股东侵占中小股东的合法权益，遏制公司经理与董事会的合谋行为。社会网络理论指出，独立董事镶嵌于多个社会网络之中，可通过自身专业、能力素养和网络资源等促进公司绩效的提高。独立董事制度基于独立董事独立的立场保证公司在平稳中发展，实现股东与公司的利益最大化。然而独立董事制度的现实绩效与理论预期之间存在较大的偏差：独立董事独立性缺失、专业性不足、流于形式的程序化的工作流程使得独立董事被冠以“花瓶董事”“签字董事”的称号。因此，独立董事制度如何提高企业绩效，如何将独立董事的能力与资源整合并运用于企业，切实发挥其应有的价值，成了公司治理领域令人非常关注的焦点和难题。

经典委托代理理论立足制度设计视角，强化独立董事监督职能对代理成本的控制作用，而独立性是独立董事行使监督职能的制度保障，需要不断强化。然而社会网络嵌入理论认为，作为外部董事，独立董事要发挥一定的作用必然要“有效嵌入”履职企业的内部网络中去，这必然导致独立董事的独立性特征被适度弱化。鉴于主体行为的复杂性，上述两种理论都是将独立董事的静态特征，如人口学特征、行为结果及社会网络特征等作为研究对象，而对独立董事发挥独立性的行为过程的分析较少，没有在微观层面建立共识,因而难以形成指导实践的理论基础。

另外,在独立董事制度被广泛推进的同时,随之而来的是大量独立董事辞职的现象,这一现象在国内外引起了多方关注。独立董事辞职所释放的信号对企业价值造成了不同程度的影响,但独立董事辞职行为是否会影响制度的发挥呢?首先,独立董事辞职势必会减弱对股东的监督力度;其次,失去了独立董事带入的支持性资源,间接影响了企业价值的提升;最后,从信号传递角度来看,独立董事辞职向外界传递了负面的信号,在一定程度上损害了公司的声誉。学者们对独立董事辞职行为的动机与影响因素等多方面进行了深入研究。国内部分学者从独立董事个人角度出发,研究后认为,具有不同背景的独立董事的辞职行为会对企业价值造成不同程度的影响。(唐雪松等,2012)也有学者从风险规避、声誉机制和利益最大化角度解释独立董事的辞职行为。

此外,我国是社会主义国家,国有企业在特定的政治、经济、法律等内外部制度环境下有其特殊性。第一,国有股"一股独大",股权过于集中,使得国有企业的内部人控制显得较为严重;第二,国有企业领导体制陋习依然存在,国有企业改革虽已取得重要成效,但离构建具有现代企业制度的企业仍有一定的差距,同时,对经营不善的企业缺乏管理。国有企业改革依然任重道远。因此,除去我国特殊的国有企业现状,本书着手于一般性研究,在契合整个公司治理领域的研究背景下,列举中国情境下的现实案例,开展对独立董事的价值评估体系的研究,便于较为准确地反映我国现阶段独立董事的发展情况,并构建独立董事价值评估体系。

1.1.1 独立董事沦为"花瓶董事"是公司治理实践中亟待解决的问题

如何切实发挥独立董事的价值始终是公司治理实践领域面临的焦点和难点。为了制约企业自主权扩大引起的机会主义行为而引进的独立董事制度的预期价值在现实中并未实现,使得该制度颁布者一直面临着如何有效发挥其价值的困惑。独立董事制度因可通过加强内部监管提升董事会专业化决策水平,成为各式公司的共同取向。但是颇具讽刺意味的是,与上市公司丑闻频发、大股东掏空行为日益严重形成鲜明对比的是,独立董事并没有发挥应有的监督和咨询作用,独立董事的现实作用遭受质疑。独立董事丧失了作为外部监管力量的独立性,有意无意地偏离了"勤勉尽责"的工作信条,使得如何切实发挥独立董事的价值成为影响公司治理水平及资本市场环境的关键。特别是对以家族企业为特征的我国民营企业而言,股权高度集中及大股东选聘机制使得独立董事存在的价值难以体现。

1.1.2 缺少对独立董事价值的全面评估机制是妨碍独立董事价值实现的首要原因

为什么独立董事难以实现其价值?已有大量学者针对这一问题开始寻求影响其价值实现的原因,得出如下结论:一来选拔途径的不公正和收入来源的不独立使得独立董事和监督对象之间产生了联系,独立性不足容易产生独立外表下的实质关联独立董事。二来能力和精力的限制、收益与风险的不对等,使得大部分独立董事"不在状态"。三来即使独立董事"有心有力"发挥其决策力量,由于在董事会中所占比例相对较低,也难以形成具有影响力的话语权;同时离开企业的积极配合,独立董事很有可能成为一部"表决机器"。(谭劲松,2003;张凡,2003;李海舰等,2006)但是,过去研究的缺陷在于只是将可能妨碍独立董事价值实现的原因单纯地罗列出来,忽略了问题的主次和重要性程度,从而难于厘清解决问题的先后顺序和确定解决问题的力度。在中国需要进一步推进独立董事制度的关键时间点上,中国上市公司协会就上述问题给出了答案。2014 年,中国上市公司协会面向上市公司独立董事、上市公司管理人员、投资者、监管部门人员和研究机构人员发放了《上市公司独立董事履职状况调查问卷》(以下简称《问卷》),对回收的有效问卷进行调查分析,结果显示,造成独立董事制度形式大于内容的关键原因是缺少对独立董事价值的评估机制,以致无法确定独立董事制度的履行情况,即独立董事的好坏、优劣,独立董事是否真的在决策中发挥作用,到底是哪一方面因素妨碍了独立董事价值的实现,我们无从得知。因此,进一步推进独立董事价值实现的关键是构建独立董事价值评估体系。

1.1.3 独立董事价值评估体系的构建引发人们对独立董事价值如何实现的内部机理的深入思考

现有的研究都是把独立董事的静态特征（人口学特征、行为结果及社会网络属性）作为研究对象，而对独立董事制度在企业内部发挥价值的过程涉猎较少，独立董事如何在公司治理制度的框架中发挥价值始终是一个行为黑箱。没有在微观层面建立共识，因而难以形成指导实践的理论基础，因此立足相关系统理论，科学构建独立董事的价值评估体系成为治理领域相关研究的焦点。

1.2 研究意义

对独立董事价值的研究，自国外企业相继设立独立董事制度以来，一直是公司治理领域研究的热点问题。现有研究多基于理论的角度，集中在独立董事任职、独立董事出席会议等静态指标上，虽成果较为丰硕，但对独立董事动态特征及实践意义却较少关注。因此，本书对独立董事价值的评估问题进行了深入研究，构建了一套满足多方需求的独立董事价值评估体系，在理论和实践方面都有一定的意义。

1.2.1 理论意义

首先，本书通过对独立董事发挥价值的研究，立足网络嵌入的微观过程，分析了我国民营企业现有独立董事的嵌入形态、嵌入机理及嵌入效果，以及独立董事在发挥独立性时采取的决策行为规则，为针对独立董事独立性的研究奠定了微观基础，也为如何构建独立董事价值评估体系做了前期探索性研究，丰富了独立董事价值评估体系的研究内容。

其次，本书将产业理论中的 SCP 框架引入公司治理理论中，通过构建“制度结构—行为特征—治理效果”框架，分析了独立董事价值实现的内在机理，并采用熵值处理方式，筛选独立董事三类衡量指标，从而构建了独立董事价值评估体系，为独立董事价值评估体系的研究提供了新的研究视角和方向。

最后，本书对治理效果的衡量不会笼统地以常用的财务指标（企业成长指标)来测量,这些常用指标的选择使得独立董事行为与绩效指标的逻辑跨越度过大。因此,从独立董事的监督职能视角出发,基于委托代理理论,本书选择防范四类“代理成本”的治理效果指标,这些指标有利于降低行为特征与治理效果之间的逻辑跨越度。同时,就一般研究发展脉络而言,通常是围绕“理论演进—制度设计—现实功效—质量评价”的逻辑链条加以展开的。截至目前,大量针对独立董事的研究集中在理论和实证结合方面,很少单独对与独立董事相关的评估体系进行研究。因此,本书是对现有研究的丰富和拓展。

1.2.2 现实意义

第一,构建有效衡量独立董事价值的综合评估体系,将有助于建立和健全公司治理的评价系统,并能为投资者、监管机构和企业利益相关者提供决策依据。对于转型升级过程中的浙江民营企业而言,建立和健全独立董事价值评估体系将有助于它们投身多层次资本市场。对于投资者而言,在资本市场上,他们和上市公司之间存在信息不对称的问题,及时获取可靠的企业信息是投资者做出正确的投资决策的前提。现有研究表明,独立董事的其中一个作用便是信号作用,即向资本市场传递信息。一般情况下,投资者是否进行投资主要考察的是拟投资对象的财务指标,独立董事的作用就是增强财务指标的可信度,而独立董事价值评估指数可以反映出该独立董事意见的可信程度,让投资者获得更加理性的认识。对于监管机构而言,对不同的上市公司的监管不可能分配同样的审查资源。监管部门可以利用该评估体系,率先对上市公司进行审查力度分类,并且可知得到的指数低于均值的企业发生违规行为的概率相对较大,应该受到重点关注。

第二,为企业进一步发挥独立董事的价值,有针对性地设计提升独立董事价值的机制提供具有操作价值的纠正措施指引。从综合评估指标和分维度指标中可以辨别独立董事价值不能实现的原因是制度设计原本就不合理,是独立董事不愿意或者不能行使权力,是内部治理环境过于恶劣,还是企业所在行业本身就不景气。明确没有发挥价值的真实原因,才有可能“对症下药”,一举击中要害,获取最大化的改善结果。

本书研究意义框架如图 1-1 所示。

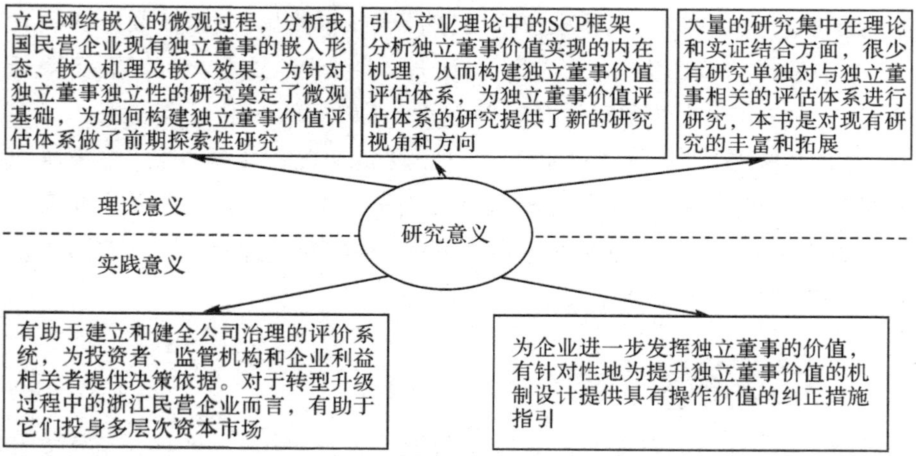

图 1-1 研究意义框架

1.3 研究思路与研究框架

1.3.1 研究思路

本书针对当前独立董事价值失效引发的众多公司治理弊端，将通过对现有文献的研究及国内实际情况的分析，指出当前我国独立董事制度的实施并不完善，独立董事价值评估体系并不健全，独立董事独立性缺失和独立董事价值无法实现等问题。因此，本书首先从网络嵌入视角，分析了独立董事嵌入履职企业的模式及微观机理；其次从产业组织理论 SCP 框架的角度，研究了独立董事制度结构、独立董事行为特征和治理效果的内在机理；最后通过分析相关案例，探索了独立董事价值有效发挥的现实模式，以及独立董事价值评估体系的合理构建方式。

本书研究的基本思路如下：

聚焦于导致独立董事不作为的首要因素——缺少评价机制，立足"制度结构—行为特征—治理效果"的 SCP 框架，构建独立董事发挥作用的微观过程，形成独立董事价值评估体系的理论支撑。同时，通过解析独立董事网络嵌入的过程，系统分析独立董事嵌入行为的主体特征、行为策略，明确独立董事独立性的内涵与外延，构建独立董事梯度嵌入模型，揭开独立董事嵌入企业内部并提升企业绩效的内在机理。随之，通过列举中国情境下的现实案例，立足公司治理资本结构、董事会结构及独立董事个体特征三个层面，归纳及分析三种不同形式的嵌入行为与模式，为独立董事价值的实现提供了方向，同时也为独立董事价值评估体系的构建做了前期探索性研究。随后，在机理分析的基础上，构建"制度结构—行为特征—治理效果"三个主要指标维度，形成综合独立董事价值指数和三个分维度指数，从而锁定影响独立董事价值实现的主要因素，作为日后优化或者监控的关键要素；再以综合独立董事价值指数为因变量，研究综合独立董事价值指数对企业绩效的影响。

总体而言，本书基于SCP框架，通过对内部运行机理的分析，构建独立董事价值评估体系，再通过大样本数据探索笔者设计的评估指标与企业绩效的关系。

1.3.2 研究框架

本书遵循文献综述、案例分析、机理分析和实证检验等的基本思路，设计的整体研究逻辑框架如图1-2所示。

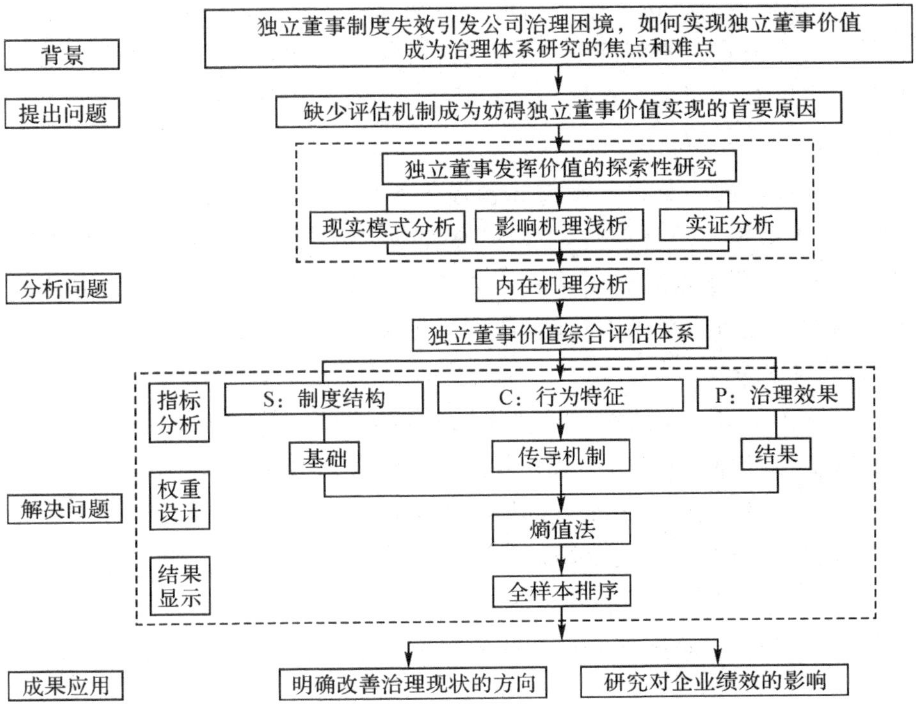

图1-2 研究逻辑框架

1.4 研究方法与技术路线

1.4.1 研究方法

本书在研究方法上，注重理论与实证相结合、定性与定量相结合。其中，理论机理分析为提出研究假设和设定变量提供了理论基础；实证分析则是通过上市公司的面板数据进行的统计分析，它对研究假设进行检验，为得出科学的研究结论提供了坚实的依据。本书主要采用文献研究、跨案例研究、综合评价研究、计量分析和系统分析等多种研究方法。

（1）文献研究

我们查阅了大量国内外的文献资料，通过对国内外的相关文献进行整理和综合分析，保证了本书在立意、理论与方法上始终处于前沿。同时，了解了针对独立董事的已有研究的脉络，为本书对独立董事价值评估体系的研究提供了坚实的理论基础。

（2）跨案例研究

本书在归纳中国管理情境下独立董事独立性行为特征及模式的过程中，采用大样本跨案例分析方法进行归纳总结。其中，案例来源于中国上市公司公告信息及中国证监会、上交所和深交所的上市公告，以及同花顺的公司咨询及公司公开数据。

（3）综合评价研究

本书涉及独立董事机制的综合评价研究，因此评价理论的框架应较为成熟，主要涉及指标选择、处理和权重设计。其中，指标选择立足本书的微观机理；权重设计将采用熵值法确定，即以上市公司大样本数据计量分析为手段进行重要性的比较，然后运用熵值法进行权重设计。

（4）计量分析

本书为了进一步研究独立董事价值综合评估指标，对企业绩效的影响进行了计量分析。其中，以上市公司为研究样本，以独立董事价值综合评估指标为自变量，以企业绩效为因变量，用面板数据衡量两者之间的关系，从而拓展指数的作用范围。

（5）系统分析

在文献研究、跨案例研究等的基础上，本书系统梳理了公司独立董事价值评估体系构成的脉络,以研究独立董事价值实现的有效性。

1.4.2 技术路线

本书遵从的技术路线具体如图1-3所示。

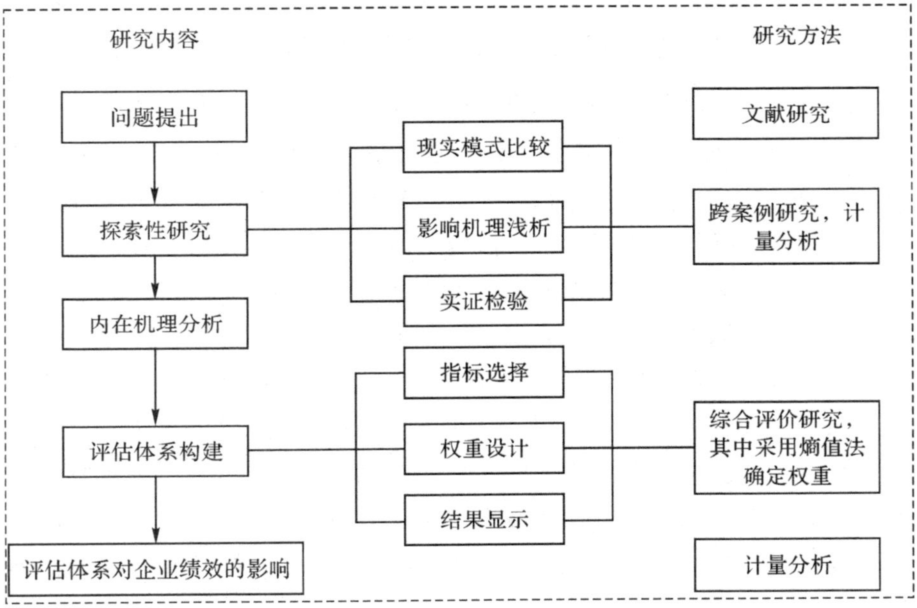

图1-3 技术路线

1.5 研究创新点

1.5.1 揭开独立董事如何在企业内部发挥价值的行为黑箱,为独立董事价值评估体系的构建提供了新思路

我国改革开放40年来,虽建立了较为完善的独立董事监管体系,但其监管力度较弱,规章制度不完善,作为拥有数量众多企业的国家,如何确保独立董事价值的有效发挥,就成了亟待解决的问题。现有的研究都是把独立董事的静态特征作为研究对象,而对独立董事在企业内部发挥价值的过程涉猎较少,独立董事如何在公司治理制度的框架中发挥价值始终是一个行为黑箱,没有在微观层面达成共识,因而难以形成指导实践的理论基础。因此,合理的独立董事价值评估体系需要建立在内部机理

分析的基础上,只有揭开了独立董事如何在公司治理制度的框架中发挥价值的行为黑箱,才能为操作层面的评估体系的构建奠定坚实的理论基础。

1.5.2 基于“制度结构—行为特征—治理效果”的SCP框架研究独立董事在企业内部发挥价值的内在机理,全面地涵盖了独立董事价值实现的所有环节

基于SCP视角,本书通过分析实现独立董事价值的过程来构建评估维度,为独立董事评估研究奠定坚实的微观基础。探究独立董事如何在现有治理制度框架中实现其价值需要考虑三个层次的问题:第一层次,公司治理的内部制度框架有没有为独立董事设计合理的行为边界,为其营造加强工作意愿的内部治理环境,客观的内部制度结构可不可以保障独立董事价值的实现;第二层次,制度需要人来履行,独立董事价值的传导需要通过独立董事一系列主观行为来实现,因此需要明确独立董事本身愿不愿意并且能不能发挥其价值效力;第三层次,从治理效果中观察独立董事有没有发挥其价值。对于这三个层次问题的思考就是在探索基于“制度结构—行为特征—治理效果”的SCP框架下的独立董事在企业内部的价值实现的过程。

1.5.3 将独立董事独立性行为纳入网络嵌入行为的分析框架中,为揭开独立董事的行为黑箱提供了新的方向

独立董事对企业绩效提升的效果须立足于其独立性的发挥,但网络嵌入理论强调独立董事应“有效嵌入”履职企业内部才能发挥作用。因此,如何解决独立性与网络有效嵌入的矛盾,如何判断独立董事是否有效嵌入企业内部网络,成为一个难点问题。本书构建了独立董事嵌入模型,揭开了独立董事嵌入企业内部并提升企业绩效的内在机理。本书创新点在于将独立董事独立性行为纳入网络嵌入行为的分析框架中,为揭开独立董事的行为黑箱提供了新的方向,形成学术领域的交叉创新。即在网络嵌入视角下,从“动机—行为—绩效”方面剖析了独立董事嵌入行为对企业绩效的影响。本书划分了独立董事嵌入企业网络的方式,即规则嵌入、能力嵌入与网络嵌入,并通过案例描述,直观了解这三种嵌入的表现

与方式，再对案例进行分析，总结并归纳现象。

1.5.4 立足浙江民营企业的现状，建立独立董事价值评估体系将大大推进理论研究的本土化与实务化的进程

经典独立董事制度研究的思路主要是立足理论框架和实证数据对制度的设立进行验证和推理，其结论尽管具有很高的理论价值，但是缺乏可操作性，因而难以实务化。因此，基于企业治理实践需求，本书构建有效衡量独立董事价值的评估体系，将有助于建立和健全公司治理的评估系统，从而为企业利益相关者提供决策依据。

第2章　独立董事研究文献回溯

目前，独立董事问题已然成为公司治理研究领域的热点，尽管各种理论之间存在一定的分歧，但是就整体研究线索而言，都是围绕“理论演进—制度设计—现实功效—质量评价”的逻辑脉络展开的。学术界通过对理论体系的构建，各国政府通过制定相应的政策、法律和法规，使独立董事制度逐渐成熟；与此同时，大量的实证研究也在为相应的制度设计寻求理论支撑。因此，这些丰富的研究成果会成为评价独立董事价值的重要依据。

2.1　独立董事的理论研究回溯

实践研究活动的合理性来源于基础理论的科学性。但是不同的理论基础对独立董事独立性的认识存在巨大分歧，进而引发独立董事角色定位的差异。独立董事最初作为监督大股东掏空行为的角色被引入公司董事会，以减少管理层和执行董事间的合谋行为。(Fama et al.,1983)随着独立董事制度逐渐应用到企业中，因为独立董事身份的特殊性，其大多是行业中的权威人士等，所以他们能运用自己的关系网络为公司提供相应的资源，提高公司决策的科学性，在这个过程中，独立董事扮演了资源提供者的角色。在之后的研究中有学者提出背景不同的独立董事所扮演的角色也不相同这一结论。2006年，深交所将国内民营上市公司作为实证样本，研究得出，国内民营企业中的独立董事更多是作为“企业顾问”而非“监督者”。

(1)不完全契约理论

契约理论在早期被称为代理理论，后来才逐渐演变成现在的代理理论和激励理论。而不完全契约理论认为，完全契约是一种理想状态，人们在判断过程中的理性是有限的，信息传递的不对等及交易过程的不确定性等都会造成过高或过低地估计过程中的成本。Tirole(1999)认为，契约不完全的原因为存在三种成本，分别是预见成本、缔约成本和证实成本。

不完全契约理论认为，独立董事不是完全独立的，这种不完全性体现在独立董事一方面要独立于企业契约关系中的任一利益相关个体，另一方面独立董事又不能独立于利益相关者合作关系的载体，即法人本身。这种不完全独立性是独立董事有效发挥作用的基本约束条件。由于企业契约的不完全性，实际垄断了企业控制权的一方有可能产生机会主义行为，且事实证明，为约束这种机会主义行为而建立的传统的法人治理结构是存在缺陷的，现代公司治理理论强调引进独立董事制度来监督企业契约的执行，弥补传统法人治理结构的不足。根据不完全契约理论，独立董事既是企业的利益相关者，又是其他利益相关者行使控制权的替代形式，对此，他们可以发挥短期合约裁定人和边际调整人的作用，且即使分享了企业剩余也不会丧失其“独立性”。(简新华等，2006)

郭强等(2003)认为，独立董事产生的基本原因是企业契约存在不完全性及传统的法人治理结构的不完善。企业契约的不完全性受到未来的不确定性、环境的复杂变化性和人的有限理性的影响，而且参与契约的人无法预料到未来会发生的可能事件，导致企业契约具有很高的缔约成本。同时，他们认为，独立董事制度可以在一定程度上解决企业外部治理的滞后性问题，使契约规则得到有效的维护，降低股东和经理人采取机会主义行为的可能性。杨瑞龙等(2006)从法律干预的视角、赔偿的视角、治理结构的视角、产权的视角及履约的视角五个方面分析不完全契约对投资效率的影响，并认为不完全契约比完全契约更好地深化了对现实情境的理解，增强了契约理论的整体解释力。

(2)委托代理理论

我们可以认为委托代理理论是一种典型的完全契约关系，因为委托代理是在事前就已经确定好各种状态下双方的权力及承担的责任。委托代理理论认为，独立性是独立董事制度的核心，企业必须确保独立董事的“完全独立性”。如果独立董事丧失了独立性，与受聘公司、大股东等主要利益相关者有了直接的利益关系，那么独立董事就会被内部化，此时独立董事制度也将失去其原有的意义。从现有文献来看,独立董事的独立性体现在以下三个方面:①独立董事要独立于管理层;②独立董事要独立于实际控制人;③独立董事要独立于公司本身。(余峰燕等,2011)

经典委托代理理论存在两类委托代理成本:第一类委托代理成本指企业的所有权与经营权分离导致信息不对称,从而引发的管理层与所有者之间的利益冲突而带来的效率损失,即管理层与所有者的矛盾;第二类委托代理成本指控制性股东以损失其他中小股东的利益为代价来牟取自身私利而引发的效率损失,即大股东与中小股东的矛盾。随着企业的发展,管理层与所有权层之间的矛盾成为企业发展的主要障碍和内部主要矛盾时,管理层有可能和董事会合谋剥削其他中小股东利益,即成为第三类委托代理问题。

由于管理者的机会主义行为不容易被所有者识别,所有者希望借助独立董事超然的独立性对管理者进行有效的监督,防止管理者欺诈行为的发生。(Fama et al. ,1983)独立董事通过发挥自身的监督职能可以防止内部关联交易(Cheung et al. ,2006)、企业合并(Bae et al. ,2002)及企业掏空(叶康涛,2007)等侵害公司中小股东合法权益的现象发生。

上文中提到的不完全契约理论强调契约的不完全性及企业间信息沟通的不对称性会导致企业在经营过程中产生一定的不必要成本。Jensen et al. (1976)发现,公司在进行委托代理过程中会产生由于所有权和控制权分离而带来的成本,即第一类委托代理成本,进而出现代理问题。因此,在公司的治理过程中应该引入监督机制来尽可能地化解这类所有权和控制权之间的冲突。于是现代国内外上市公司都纷纷提倡将独立董事制度作为监督机制正式引入公司,帮助董事会在一定程度上解决公司治理中的代理问题,并不断降低代理成本。在第一类代理成本被提出后,Fama et al. (1983)通过进一步的研究将代理成本进行分类,并认为企业中的委托代理成本包括因所有权与控制权分离产生的一级代理成本,董事会与股东大会之间的代理成本,即二级代理成本。而独立董事须在保持自身独立性的前提下保证为企业有效降低这两类代理成本,然而目前存在的问题是独立董事在履职过程中如何运用自身的能力和网络资源为企业提供服务,并增强自身的独立性。

(3)社会网络理论

从社会网络视角看待董事的公司治理行为是研究独立董事制度的一

个新视角。社会学的镶嵌理论认为，经济行为嵌入社会关系结构中，受社会关系结构的影响。（Granovetter，1985）董事的行为同样镶嵌于社会网络之中，受社会关系结构的影响。学术界在社会镶嵌理论的基础上对连锁董事进行了广泛的研究。相关研究表明，连锁董事将关系、认知等嵌入网络中，通过个人对网络关系的相关影响，对公司治理和经营战略产生作用。比如，连锁董事网络是一个载体，那么连锁董事就成为维系这个网络的纽带，连锁董事网络将多个企业连接在一起，通过输送网络中蕴含的社会资本来实现自身的价值。资源依赖理论认为，资源是约束企业发展的极其重要的因素，特别是某些稀缺资源更是决定企业具有核心竞争力的关键。换言之，如果企业拥有了获取、控制外部资源的能力，在激烈的市场竞争中立于不败之地的可能性就更高。因为连锁董事让企业之间可以互相利用资源，协调关系，获取信息，进而增强企业对各项资源的获取能力和应对外部环境不确定性的能力，并提高公司董事会办事的效率和企业经营绩效。

通过整理和分析相关文献，我们得到了独立董事理论研究演进及角色定位分析的具体情况，如表 2-1 所示。

表 2-1　独立董事理论研究演进及角色定位分析

理论基础	独立性界定		产生原因	角色定位	
不完全契约理论	不完全独立	独立于利益相关者 不独立于企业法人	契约的不完全性 法人治理结构存在缺陷	协调者	监督、维护契约履行过程中的规则 代表其他利益相关者行使企业控制权
委托代理理论	完全独立	独立于内部控制者 独立于实际控制人 独立于公司本身	存在两类代理问题	监督者	监督内部控制者 监督大股东，遏制其损害中小股东利益的行为的发生，防止发生串谋
社会网络理论	“友好”独立	将个人资源转化成所就任企业的资源	企业资源的稀缺性	咨询者	帮助企业获取资源、协调关系、获取信息

综上所述可知，不完全契约理论、委托代理理论和社会网络理论在对独立董事的独立性的界定、产生原因及角色定位上给予了不同的解释。在不同的理论体系下，独立董事发挥不同的效用，这就为独立董事实际应用效果的不同给出了合理的解释。即独立董事作为复杂社会关系中的一

员，其效用随着环境、个人的不同而不同。国内外对独立董事制度的实际应用也进行了长期的研究。

2.2 独立董事的应用研究回溯

2.2.1 中国独立董事制度的发展脉络

独立董事制度最早出现在美国，1940 年美国证监会通过了《投资公司法》，规定独立董事人数必须占投资公司董事会成员总数的 40%以上。20 世纪 70 年代，独立董事制度在世界范围内得到广泛推行。我国证监会于 2001 年制订《关于在上市公司建立独立董事制度的指导意见》，明确规定上市公司的董事会成员结构中必须设置两名以上的独立董事；若上市公司中董事会下设薪酬、审计、提名等相关委员会，独立董事人数需占委员会成员总数至少百分之五十的比例。2002 年，广州市政府发布了《广州市国有资产授权经营机构独立董事管理暂行办法》，规定董事会须聘任两名(含两名)以上不少于董事会人数三分之一的独立董事。银监会于 2007 年发布《信托公司治理指引》，其中规定信托公司在设立独立董事后，应保证独立董事的人数多于董事会成员总数的四分之一；若出现单个股东及其关联方持有公司总股本三分之二以上的信托公司，其独立董事的人数应保证达到董事会总人数的三分之一以上。

独立董事制度在 2001 年被正式引进我国后，不断被修订完善，为构建一个标准规范的市场及法制环境提供了科学合理的监管平台。

中国独立董事制度的具体演进过程如下：

第一阶段——独立董事制度初探。1993 年 7 月 15 日，青岛啤酒公司在我国香港联交所上市，按照香港联交所的规定，它设立了两名独立非执行董事。当时的纽交所和港交所均要求上市公司必须建立独立董事制度，由此我国独立董事制度在赴境外上市的公司带动下开始慢慢建立起来。1997 年 12 月 16 日，中国证监会发布《上市公司章程指引》，其中第一百一十二条规定："公司根据需要，可以设独立董事。独立董事不得由下列人员担任：(一)公司股东或股东单位的任职人员；(二)公司的内部人员(如公司的经理或公司雇员)；(三)与公司关联人或公司管理层有利益关系的人员。"在此"指引"中，并未将独立董事的设立作为公司必须遵循的一项条款，而是将此条款作为选择性条款，由公司根据实际需要，在公司章程中制订独立董事的相关事项，但其在我国独立董事制度建立过程中，确是境内首次将独立董事制度作为正式公司制度的标志性事件。1999年3月29日，国家经贸委、中国证监会与国经贸企改联合发布的《关于进一步促进境外上市公司规范化运作和深化改革的意见》提出，要逐步建立健全外部董事和独立董事制度，公司应有两名以上的独立董事，独立董事应在董事会决议中列明意见，并可提议召开临时股东大会，可向股东大会、证监会等其他部门报告情况。独立董事制度虽并未列入具体的法律法规条例内，但由上述可知，该项制度正在慢慢被深化和发展。2000年4月，在全国企业改革与管理工作会议中，国家经贸委再次强调，今后要在大型公司制企业中建立独立董事制度。

第二阶段——独立董事制度建立。2001年初，深交所发布了《上市公司独立董事制度实施指引》，对独立董事的资格和职责等做出了详细的规定。2001年1月31日，中国证监会发布《证券公司内部控制指引》，提出公司要充分发挥独立董事的监督职能，坚决避免内部人控制现象的发生。2001年8月16日，中国证监会发布的《关于在上市公司建立独立董事制度的指导意见》中明确提出，上市公司应建立独立董事制度，独立董事最多在五家上市公司兼任，并确保其有足够的时间和精力有效履行其职责，独立董事中至少要包括一名会计专业人士。在2002年6月30日前，中国证监会发布的上述指导意见规定，上市公司董事会成员中应至少包括两名独立董事。在2003年6月30日前，中国证监会发布的上述指导意见规定，上市公司董事会中应至少包括三分之一的独立董事。同时，上述指导意见对独立董事的任职资格、提名选举、任职期限和工作职责等进行了明确规定。此事标志着我国第一部有关独立董事制度的法规条例正式建立，我国现代化企业管理制度开始走向正规。

第三阶段——独立董事制度迈向成熟。2002年1月，中国证监会和国家经贸委联合颁布《上市公司治理准则》，对独立董事制度提出若干修改建议，从而进一步完善了独立董事制度。2004年9月，中国证监会发布的《关于加强社会公众股股东权益保护的若干规定》中提出，完善独立董事制度，充分发挥独立董事的作用，更进一步肯定并完善了独立董事制度；同时，增加独立董事相关规定后的新《公司法》也显示了独立董事制度的重要性。2005 年，国务院批准通过中国证监会的《关于提高上市公司质量意见》，该意见中提出要完善董事会制度，设立以独立董事为主的审计委员会、薪酬与考核委员会并充分发挥其作用，进一步要求完善独立董事制度。2006 年 1 月 1 日，新《公司法》第一百二十三条规定："上市公司设立独立董事，具体办法由国务院规定。"这将独立董事制度建设上升到国家政策层面，突出了独立董事制度在现代化企业体系建设中的重要作用。此后，独立董事制度开始在各个层面不断被完善。2008 年 4 月，在全国企业改革与宏观工作会议上，国家经贸委明确提出今后在大型公司制企业中逐步建立独立董事制度。2008 年 10 月 1 日，新修订实施的《上海证券交易所股票上市规则(2008 年修订)》和《深圳证券交易所股票上市规则(2008 年修订)》对上市公司独立董事制度有关问题进行了进一步的规范。

中国独立董事制度演进过程如表 2-2 所示。

表 2-2　中国独立董事制度演进过程

时　间	事　件
1993 年	青岛啤酒公司在中国香港上市，按照香港联交所的要求，设置了 2 名"独立非执行董事"
1997 年 12 月 16 日	中国证监会发布《上市公司章程指引》，这是境内首次将独立董事制度作为正式公司制度的标志性事件，其中第一百一十二条规定"公司根据需要，可以设独立董事"
1999 年 3 月 29 日	国家经贸委、中国证监会与国经贸企改联合发布《关于进一步促进境外上市公司规范化运作和深化改革的意见》，规定境外上市公司需依法设立独立董事制度，《上市公司章程指引》对此项规定采取了许可但非鼓励的态度
2000 年 4 月	全国企业改革与管理工作会议中，国家经贸委提出今后要在大型公司制企业中逐步建立独立董事制度
2001 年初	深交所发布《上市公司独立董事制度实施指引》，对独立董事的任职资格和工作职责等做出了详细的规定
2001 年 1 月 31 日	中国证监会发布《证券公司内部控制指引》，比较含糊地指出公司要充分发挥独立董事的监督职能

续　表

时　间	事　件
2001年8月16日	中国证监会发布《关于在上市公司建立独立董事制度的指导意见》，强制要求上市公司必须按照指导意见的规定，建立健全独立董事制度。该指导意见规定：2002年6月30日前，上市公司的董事会成员中至少有两名独立董事；2003年6月30日前，上市公司董事会成员中应至少包括三分之一的独立董事。另外，它对独立董事的比例构成、任职期限、工作职责和薪酬等都有指导性的规定。此举标志我国在设立独立董事制度方面迈出了重要的一步
2002年1月	中国证监会和国家经贸委联合颁布《上市公司治理准则》，对完善独立董事制度的规定也有所涉及
2004年9月	中国证监会发布《关于加强社会公众股股东权益保护的若干规定》，更进一步肯定并完善了独立董事制度；同时，增加独立董事相关规定后的新《公司法》也显示了独立董事制度的重要性
2005年	国务院批准通过中国证监会的《关于提高上市公司质量意见》，进一步要求完善独立董事制度
2006年1月1日	实施的新《公司法》第一百二十三条规定"上市公司设立独立董事，具体办法由国务院规定"
2008年4月	全国企业改革与宏观工作会议上，国家经贸委明确提出今后在大型公司制企业中逐步建立独立董事制度
2008年10月1日	正式施行的《上海证券交易所股票上市规则(2008年修订)》和《深圳证券交易所股票上市规则(2008年修订)》对上市公司独立董事制度有关问题进行了进一步的规范

资料来源：笔者根据国内相关法律法规及证券交易所发布的文件资料整理得到。

2.2.2 独立董事的制度设计

(1)独立董事制度的合法性

独立董事制度最早出现在美国上市公司的治理机制当中，紧接着，英国、加拿大、澳大利亚、新西兰等国先后借鉴美国经验，引进了独立董事制度。在20世纪90年代后期，亚洲爆发了金融危机，进一步暴露出了亚洲公司治理中的问题，如法人交叉持股、家族控制及监事会形同虚设等。因此，东亚地区的公司开始致力于提高董事会的独立性和透明度，具体表现为日本、韩国等亚洲国家和我国台湾地区集体建立及强化独立董事制度。

而自 2001 年 8 月中国证监会推出独立董事制度以来，我国大陆地区也一直在不断完善这一新制度。独立董事制度在世界部分国家及我国台湾地区的具体情况如下：

在 20 世纪 40 年代，美国《1940 年投资公司法》就规定至少 40％的董事需要由独立人士担任，此后美国的相关公司中独立董事占的比例越来越高。到 1977 年，纽交所要求上市公司设立并维持一个由独立董事组成的审计委员会，此后独立董事制度体系开始在美国成熟并发展，并对美国企业的公司治理结构开始产生深远影响，由此该体系开始在其他国家被借鉴并兴盛。2002 年，美国颁布了《上市公司会计改革及投资者保护法》，该法案在建立隶属于美国 SEC（Securities and Exchange Commission，证券交易委员会）的会计监察委员会的同时，坚持了独立董事制度，强调了完全由独立董事组成的审计委员会在确保财务审计质量方面的重要性。同年，其出台的《公司会计责任与上市标准委员会报告》再次强调了独立董事的重要性，要求增强独立董事的权限，发挥其监督管理职能。

日本于 1993 年颁布的《商法》文件中，仿照独立董事制度，引进了外部监察人制度，意在确保监察人能够客观独立地发表自己的意见。1998 年，日本颁布了《日本公司治理原则》，强调提高监事的独立性和监督水平，明确独立董事制度。随后于 2002 年修改商事和商法特别法，第一次以立法的形式引进了独立董事制度。虽然当时的工商企业界强烈反对，但后期企业运行的现实结果足以表明独立董事制度在公司有效治理方面所起的重要作用。

韩国在 1999 年颁布的《韩国公司治理最佳实务准则》中提出，董事会应当包括外部董事，外部董事独立于公司管理层和有重大影响的股东，行使其职责。

我国台湾地区在 1989 年颁布的《有价证券上市审查准则》中明确要求公司的独立董事、监察人必须能独立行使职能，否则公司不得上市。

综上所述，独立董事制度于 20 世纪 70 年代在美国兴起后，开始在全世界推行，中国大陆于 2001 年后开始逐步建立相关制度条例，推行该项制度。从上述内容足以见得，独立董事制度在现代公司治理领域的巨大影响力。部分国家及地区关于独立董事制度的规定见表 2-3。

表 2-3 世界部分国家及地区关于独立董事制度的规定

	制定时间	法规名称	简要内容
美国	20世纪40年代	《1940年投资公司法》	规定独立董事必须占管理投资公司董事会的40%以上;将独立董事界定为与公司没有重要关系的董事
	2002	《上市公司会计改革及投资者保护法》	法案在建立隶属于美国SEC的会计监察委员会的同时,坚持了独立董事制度,强调完全由独立董事组成的审计委员会在确保财务审计质量方面的重要性
	2002	《公司会计责任与上市标准委员会报告》	强调发挥独立董事的作用,增强独立董事的权限
日本	1993	《商法》	仿照独立董事制度,引进外部监察人制度
	1998	《日本公司治理原则》	强调提高监事的独立性和监督水平的同时,明确独立董事制度
韩国	1999	《韩国公司治理最佳实务准则》	规定董事会应当包括外部董事,外部董事独立于公司管理层和有重大影响的股东,行使其职责
中国台湾	1989	《有价证券上市审查准则》	要求独立董事、监察人必须能独立行使职能,否则公司不得上市
中国大陆	2001	《关于在上市公司建立独立董事制度的指导意见》	强制要求所有上市公司必须按照此指导意见的规定,建立独立董事制度
	2002	《上市公司治理准则》	再次明确规定上市公司应该建立独立董事制度
	2004	《关于加强社会公众股股东权益保护的若干规定》	进一步肯定并完善了独立董事制度
	2006	新《公司法》	第一百二十三条规定:"上市公司设立独立董事,具体办法由国务院规定。"

资料来源:笔者根据美、日、韩、中这4国的相关法案和证券交易所规则整理所得。

(2)独立董事的独立性

世界上大多数国家的监管当局(我国为证监会)都明确规定了独立董事应保持独立性这一特征。各个国家的规定既参考了国际上的一般性原则,也考虑到了各个国家自身的具体差异。按照各国政策对独立董事的要求,可将独立性归纳为规模独立性、经济独立性及社会关系独立性三类。

第一,规模独立性。美国《萨班斯法案》、美国SEC、纽交所及纳斯达克证券交易所均对独立董事的独立性进行了表述。其中,美国SEC要求上市公司的独立董事必须在董事会内占据绝对多数席位;外部董事比例不低于百分之四十;董事会审计委员会的独立董事成员要占到三分之二。而澳大利亚证交所则明确要求上市公司外部董事占董事会的比例需超过三分之二。《日本公司治理原则》则规定涉外董事数量应超过董事会的半数。中国证监会发布的《关于在上市公司建立独立董事制度的指导意见》明确要求:在 2002 年 6 月 30 日前,上市公司的董事会成员中至少有两名独立董事;在 2003 年 6 月 30 日前,上市公司董事会成员中应至少包括三分之一的独立董事,其中至少一名为会计专业人员。

第二,经济独立性。关于经济独立性,美国纽交所和纳斯达克证券交易所均给出了明确的规定。纽交所规定:①独立董事本人在所在公司与上市公司两者任一家的收入不能来自对方公司,或来自对方公司的收入不能超过 100 万美元;②每年从上市公司获得的报酬不能超过 10 万美元。纳斯达克证券交易所规定:①独立董事在上一财政年度中不能接受其公司或公司下属机构超过 6 万美元的报酬(包括董事会服务、退休福利计划和其他报酬);②不可以在公司建立的营利机构中具有合伙或控股人地位,或在该机构中收取 5%以上的年度总收入(不包括仅由证券投资所获的收入),或在过去 3 年任何一年内从该机构收取 20 万美元或更多收入。而英国则除对董事报酬有明确的规定外,还不准独立董事接受公司给予的其他额外报酬,或参与公司股票期权,或基于业绩的支付计划,或担任公司养老金计划成员。中国证监会在《关于在上市公司建立独立董事制度的指导意见》中也提出,上市公司在给予独立董事适当的津贴外,需在年报中披露其薪酬,并且独立董事不应该从上市公司及其主要股东或有利益关系的机构和人员处取得额外的、未予披露的其他利益。虽然指导意见未明确规定独立董事薪酬金额,但对独立董事的薪酬来源方面做了明确的界定。

第三,社会关系独立性。美国纽交所规定:目前和过去 5 年在公司任职或公司下属机构中任职的人员,或直接或间接与上市公司存在实质联系的人员,不得担任公司独立董事职务。纳斯达克证券交易所规定,有以下任意一种经历的人,均不得在公司担任独立董事职务:①目前和过去 3 年在公司任职或公司下属机构中任职;②在过去 3 年中有直系家属成员在公司或其下属机构中任执行官;③是另一企业的高层管理人员而又在该企业薪酬委员会任职。澳大利亚证交所明确规定,具有以下任一一种关系的董事不得担任独立董事职务：①公司的大股东；②过去 3 年曾任职于上市公司管理层；③个人或所在企业向上市公司提供过专业的咨询服务；④上市公司的重要供应商或者重要客户；⑤与上市公司有重要的合同关系。而中国证监会在独立董事任职资格方面规定得更为明确且严厉，规定具有以下任意一种关系的董事不得担任独立董事：①在上市公司或者其附属企业任职的人员及其直系亲属等主要社会关系；②直接或间接持有上市公司已发行股份 1%以上或者是上市公司前 10 名股东中的自然人股东及其直系亲属；③在直接或间接持有上市公司已发行股份 5%以上的股东单位或者在上市公司前 5 名股东单位任职的人员及其直系亲属；④最近 1 年内曾经具有前 3 项所列举情形的人员；⑤为上市公司或者其附属企业提供过财务、法律等服务的人员；⑥公司章程规定的其他人员；⑦中国证监会认定的其他人员。由此可见，各个国家在独立董事任职资格方面都较为慎重，以确保发挥独立董事的监督控制职能。

独立董事独立性的相关规定如表 2-4 所示。

表 2-4　有关独立董事独立性的相关规定

	区域	界定主体	具体规定
规模独立性	美国	美国证券交易委员会	要求上市公司的独立董事必须在董事会内占据绝对多数席位，规定外部董事比例不低于百分之四十；董事会审计委员会的独立董事成员占到三分之二
	澳大利亚	澳大利亚证交所	明确要求上市公司外部董事比例超过三分之二
	日本	日本	《日本公司治理原则》规定涉外董事应过半数
	中国	中国证监会	在 2003 年 6 月 30 日前，上市公司董事会成员中至少包括三分之一的独立董事，其中至少有一名为会计专业人员
经济独立性	美国	纽交所	①独立董事在所在公司与上市公司两者任一家的总收入不能来自对方公司，或来自对方公司的收入不能超过 100 万美元；②每年从上市公司获得的报酬不能超过 10 万美元
		纳斯达克证券交易所	①独立董事在上一财政年度中不能接受其公司或公司下属机构超过 6 万美元的报酬（包括董事会服务、退休福利计划和其他报酬）；②不可以在公司建立的营利机构中具有合伙或控股人地位，或在该机构中收取 5%以上的年度总收入（不包括仅由证券投资所获的收入），或在过去 3 年任何一年内从该机构收取 20 万美元或更多收入

续 表

	区域	界定主体	具体规定
经济独立性	英国	英国	除了董事报酬外，不准接受公司给予的其他额外报酬，或参与公司股票期权或基于业绩的支付计划，或担任公司养老金计划成员
	中国	中国证监会	独立董事薪酬需在年报中披露，且不应该从上市公司及其主要股东或有利益关系的机构和人员处取得额外的、未予披露的其他利益
社会关系独立性	美国	纽交所	具有以下情况的人员不能担任独立董事：①目前和过去 5 年在公司任职或公司下属机构中任职；②直接或间接与上市公司存在实质联系的人员
		纳斯达克证券交易所	具有以下情况的人员不能担任独立董事：①目前和过去 3 年在公司任职或公司下属机构中任职；②在过去 3 年中有直系家属成员在公司或其下属机构中任执行官；③是另一企业的高层管理人员而又在该企业薪酬委员会任职
	澳大利亚	澳大利亚证交所	具有以下情况的人员不能担任独立董事：①公司的大股东；②过去 3 年曾任职于上市公司管理层；③个人或所在企业向上市公司提供专业的咨询服务；④上市公司的重要供应商或者重要客户；⑤与上市公司有重要的合同关系
	中国	中国证监会	具有以下情况的人员不能担任独立董事：①在上市公司或者其附属企业任职的人员及其直系亲属等主要社会关系；②直接或间接持有上市公司已发行股份 1%以上或者是上市公司前 10 名股东中的自然人股东及其直系亲属；③在直接或间接持有上市公司已发行股份 5%以上的股东单位或者在上市公司前 5 名股东单位任职的人员及其直系亲属；④最近 1 年内曾经具有前 3 项所列举情形的人员；⑤为上市公司或者其附属企业提供财务、法律等服务的人员；⑥公司章程规定的其他人员；⑦中国证监会认定的其他人员

资料来源：笔者根据美、英、澳、中等国的相关法案和证券交易所规则整理所得。

(3)独立董事的会议制度

为保证独立董事的工作能有效进行，确保独立董事对公司的董事会尽责，我国证监会对独立董事出席会议的次数也做了明确的规定。2001 年，中国证监会发布的《关于在上市公司建立独立董事制度的指导意见》

规定，独立董事不得无故连续3次不参加董事会会议。2002年，中国人民银行发布的《股份制商业银行独立董事和外部监事制度指引》规定，独立董事要每年为商业银行工作15个工作日以上，每年委托其他独立董事出席董事会会议的次数不得多于董事会会议总次数的三分之一。2005年，深交所《深圳证券交易所中小企业板块上市公司董事行为指引》规定，独立董事不得连续2次不参加董事会会议，或者任职期间连续12个月未能亲自出席会议的次数超过会议总次数的二分之一。2009年，《上海证券交易所上市公司董事选任与行为指引》规定，独立董事每年亲自出席董事会会议的次数应不少于董事会会议总次数的三分之二，否则将会对其履职情况进行审议。具体如表2-5所示。

表2-5 独立董事会议制度汇总

时间	文件	具体规定
2001年	《关于在上市公司建立独立董事制度的指导意见》	独立董事连续3次未亲自出席董事会会议，由董事会提请股东大会予以撤换
2002年	《股份制商业银行独立董事和外部监事制度指引》	独立董事每年为商业银行工作的时间不得少于15个工作日，每年亲自出席董事会会议的次数至少应当为总数的三分之二
2005年	《深圳证券交易所中小企业板块上市公司董事行为指引》	独立董事不得连续2次不参加董事会会议，或者任职期间连续12个月未能亲自出席会议的次数超过会议总次数的二分之一
2009年	《上海证券交易所上市公司董事选任与行为指引》	独立董事每年亲自出席董事会会议的次数应不少于董事会会议总次数的三分之二，否则将会对其履职情况进行审议

(4)独立董事的兼职规定

另外，我国对独立董事兼职企业数的规定也在不断变化，如《关于在上市公司建立独立董事制度的指导意见》规定，独立董事的兼职企业数不得超过5家。广州市政府曾在2001年印发《广州市国有资产授权经营机构独立董事管理暂行办法》，在办法中严格规定了独立董事不得同时担任2家以上不同公司的相应职务。中国人民银行于2002年发布《股份制商业银行独立董事和外部监事制度指引》，规定独立董事、外部监事不得在其他商业银行兼职。2007年保监会发布《保险公司独立董事管理暂行办法》,明确规定独立董事不得在其他具有相似主营业务的保险公司任职,并且任职企业数不得超过 4 家。银监会 2007 年发布《信托公司治理指引》,指出信托公司独立董事应严格遵守规定的职业操守和道德品质,了解信托原理和信托经营规则,并有充分的时间和精力对履职企业负责,且不得在其他信托公司任职。具体如表 2-6 所示。

表 2-6 独立董事兼职规定汇总

发布主体	时间	文件	具体规定
中国证监会	2001 年	《关于在上市公司建立独立董事制度的指导意见》	独立董事原则上最多在 5 家上市公司兼任独立董事,并确保有足够的时间和精力有效地履行独立董事的职责
广州市政府	2001 年	《广州市国有资产授权经营机构独立董事管理暂行办法》	独立董事不得同时担任 2 家以上不同公司的相应职务
中国人民银行	2002 年	《股份制商业银行独立董事和外部监事制度指引》	独立董事、外部监事不得在其他商业银行兼职
保监会	2007 年	《保险公司独立董事管理暂行办法》	独立董事不得在其他具有相似主营业务的保险公司任职,并且任职企业数不得超过 4 家
银监会	2007 年	《信托公司治理指引》	信托公司独立董事不得在其他信托公司中任职

(5)独立董事的选聘机制

除了取决于其本身的特性外,独立董事的独立性还与其选拔机制有关。从理论上讲,要想保证独立董事的独立性,从源头开始就要严格遵守独立性原则,即必须有一个独立的独立董事选拔机制。我国现有独立董事制度对独立董事任职条件具有严格的规定。如中国证监会出台的《关于在上市公司建立独立董事制度的指导意见》规定,独立董事需熟悉相关的法律法规,必须具备 5 年以上法律、经济等的工作经验,且规定持有本上市公司 5%以上股份的股东或前 5 名股东单位员工,不得在公司兼任独立董事。在国外,独立董事通常是由独立董事组成的提名委员会提名,由股东大会选举产生;而目前国内独立董事一般由公司董事会提名,由股东大会选举产生。谭劲松(2003)认为,因为组成提名委员会的独立董事的地位相对独立,所以由独立的提名委员会成员提名的独立董事的独立性应比直接由董事会提名的独立董事要强。李海舰等(2006)和 Oliver et al.(2014)等认为,中国企业存在"一股独大"(尤其是国有控股企业内)的垄断型股权结构,控股股东会利用自己的独断地位选择合自己意的独立董事,忽略中小股东在股东大会中的话语权,通过这种方式选拔的独立董事,其监督职能和专家职能都会失灵。

同时,许多学者开始寻求能够有效保障独立董事独立性的任命途径。一些中国台湾学者(Young et al.,2008; Wang et al.,2013)结合台湾地区的具体情境,发现如果企业不是因为一些强制性的规定被迫任命独立董事,而是积极主动选聘独立董事,将会为企业带来积极影响。胡金焱等(2003)认为,由我国证监会选聘独立董事有利于独立董事职能的实现。杨雄胜等(2007)发现,独立董事异地任职更加独立,发挥的作用也更大。还有学者认为,可以让大股东回避对独立董事的聘任和薪酬支付相关决议的表决。谭劲松(2003)、李海舰等(2006)认为,可以成立一个独立董事基金,基金和私人资本结合形成一个"两合公司",由私人资本负责该公司的运作并承担无限责任,该公司通过向各个上市企业输送独立董事人才而获得收入。

(6)独立董事的声誉机制

声誉是激励和约束独立董事的一种重要机制,对董事会的重要决策和企业绩效都会产生显著的影响。高声誉可以带来更多的履职机会,可以实现对自我目标的追求。国外学者对独立董事声誉进行了较为深入的研究。他们认为,独立董事的声誉作为一种有效的激励和约束机制,将激励独立董事认真履行其职责,发挥监督决策作用,从而降低信息不对称程度,保护中小股东的利益。Masulis et al.(2014)认为,当独立董事在多家企业任职的时候,是不会公平、均等地分配自己的时间和精力在各个企业上的,因此,他们更愿意将精力投入那些可以提升自己声誉的企业工作中。近年来,我国学者对独立董事声誉机制的研究开始增多。徐冬林(2005)提出,独立董事的独立性依赖于声誉,而声誉的高低则依赖于其财产的多少及独立董事津贴所占收入的比例,并依此构建了一个独立董事声誉机制模型。邱风等(2006)对我国独立董事制度失效的深层次原因进行了博弈分析,提出要完善独立董事的声誉机制,构建有效的信息传递机制,从而降低独立董事的监督成本。同样,陈艳(2009)构建了引入声誉机制的独立董事激励模型。唐清泉(2006)也从声誉角度出发,研究发现,独立董事辞职主要是基于自身对所任职上市公司的风险权衡。但是,谭劲松(2003)认为,无论采用何种形式的激励手段和约束手段,中等程度的激励手段和约束手段是最佳的"度"。李维安等(2012)提出,独立董事在发挥监督决策作用的时候受获取信息的成本高低的影响,获取信息的成本越高,越会影响独立董事不主动获取信息的意愿,进而影响独立董事职能的发挥,影响企业绩效。

因此,通过对中国独立董事制度发展脉络和独立董事制度设计的研究,我们发现,由美国开始,独立董事制度开始相继在各国建立,我国于 2001 年正式开始建立独立董事制度,并逐渐完善,为我国企业内部公司治理建设提供了较为规范的模板。我国在独立董事制度设计方面,主要从六个方面着手:独立董事制度的合法性、独立董事制度的独立性、独立董事的会议制度、独立董事的兼职规定、独立董事的选聘机制和独立董事的声誉机制。这六个方面基本上涵盖了独立董事建设的全过程,国内外学者对它们进行了大量研究,为规范独立董事制度设计提供了诸多可供参考的意见,也推动着独立董事制度的成熟和完善。

2.3 独立董事的实证研究回溯

随着对独立董事研究的深入,国内外学者将理论研究拓展到实证研究。国内外学者对独立董事制度与公司治理水平的实证研究,通常是通过某一单一要素或多个要素的集合体对治理效果的影响展现,并形成了一系列研究成果。

2.3.1 独立董事与企业绩效的关系研究

(1)独立董事制度与企业绩效的相关研究

早期学者的实证研究主要是针对企业独立董事制度对企业绩效的影响。高明华等(2002)最早以独立董事比例和有无独立董事为指标,来研究独立董事制度与企业绩效的关系，发现独立董事制度与企业绩效只有非常弱的正相关关系，由此开始了我国学者对独立董事制度的研究。随着时间的推进，针对独立董事的研究变量越来越多，包括独立董事比例、规模、年龄、性别、学历、职业背景和声誉等。吴洁等(2009)采用独立董事报酬来衡量独立董事制度，研究发现，独立董事报酬与企业绩效不相关。另外，也有学者研究独立董事的独立性，独立董事对会计信息质量、信息披露及其他公司治理方面的影响等，但是研究结果却大相径庭，包括线性相关和非线性相关，线性相关又包括正相关、负相关和不相关等多种结果。例如，李汉军等(2007)利用时间序列分析方法，动态分析我国董事会独立性与企业绩效的关系，发现董事会独立性和企业绩效呈现“U”形关系，增加独立董事比例将提高董事会独立性。郑志刚等(2009)的研究结果表明，独立董事制度的实施有助于改善对大股东监督和管理层薪酬激励的效果，但将削弱法律环境对股权制衡的治理效果，其治理效果主要是通过与其他治理机制的交互影响而起作用的。

(2)独立董事规模与企业绩效的相关研究

就独立董事规模对企业绩效的影响，在国内外众多研究中至今未达成共识。

在国外公司治理研究领域中，Millstein et al.(1998)的观点较典型，他们通过对美国154个大型上市公司的运营情况和财务数据进行实证研究，发现那些设立了独立董事的公司的经营效果明显比较突出，即论证了独立董事制度的设立提高了企业绩效，实现了独立董事制度的实际价值。随着研究的深入，Yermack(2004)发现，企业董事会中独立董事的数量与企业绩效呈正相关关系。究其原因，主要是公司的独立董事往往具有高声誉，而他们也会为了维持这份高声誉而努力提高企业的绩效，此时独立董事与公司的形象和声誉具有高度关联性。然而，本书通过进一步研究发现，上市公司董事会中独立董事比例越大，企业绩效反而越差，与独立董事人数的正向促进作用相反，独立董事比例与企业绩效之间呈现一种负相关的关系。(Klein，1998)也有另一部分学者认为，独立董事比例对企业绩效并无任何促进或者抑制作用，如Bhagat et al.于1999年利用上市公司的财务数据验证了独立董事比例与托宾Q值之间并无相关关系。

国内研究中，对独立董事规模的研究也较为普遍，得到的结果中，有出现显著正相关的结论，也有负相关的结论，甚至不相关的结论。李明竹(2014)研究得到，独立董事在公司董事会中所占的比例越高，盈余管理的治理效果越好。高雷等(2007)通过对多家公司的经营状况的研究得出，增加董事会中独立董事的数量将有助于企业绩效的提高，除此之外，他还指出，独立董事的年龄、薪酬、按时出席董事会会议的次数对企业绩效也有一定的作用。同时，在众多对独立董事规模的研究中，也有较多学者认为，独立董事规模扩大会抑制企业绩效的提高。刘亚铮等(2009)基于中小板上市公司的相关董事会数据和财务信息，通过实证研究发现，董事会规模及董事在公司董事会与管理层中多重任职的现象都影响了企业绩效的提高。郝云宏等(2010)以国内多家上市公司为研究样本，通过实证研究得出董事会结构对企业绩效的作用存在时滞性的回归结果，并且他们将数据年份分类为长短期，进一步指出，在短期经营过程中，董事会的独立性对企业的绩效有负面的效应，但在长期经营过程中却显示出积极促进作用。

在研究过程中，也有部分学者发现，独立董事的比例与企业绩效呈"U"形关系。谭劲松(2003)从独立董事规模及薪酬视角出发，通过对大量数据的研究得出，董事会中有超过 5 名独立董事时企业的绩效开始下降，在有 5 名独立董事时企业具有最优绩效。在薪酬方面的研究中他们也得出了相似结论：独立董事的薪酬在 2 万～5 万元之间时，与企业绩效呈现正相关的关系；而一旦超过 10 万元，企业绩效开始降低。李汉军等(2007)同样得出了"U"形关系的结果，但是有所不同的是，他们注意到灰色董事对董事会的影响，所以在做实证时排除了这一部分不符合独立董事独立性要求的人。研究结果表明，在多数企业中普遍存在用增加独立董事数量来提高企业绩效的现象，然而独立董事对企业绩效的正向促进作用往往存在滞后性。另外，该研究还指出主动任命与被动任命对企业绩效所起到的作用不同。

在研究过程中，也有部分学者发现，独立董事的比例与企业绩效无关。胡勤勤等(2004)对深沪两地 41 家上市公司董事会中独立董事制度实施情况进行研究，结果表明，样本企业的经营绩效并未受到独立董事制度的影响，进而得出了独立董事制度与企业经营绩效之间并不存在显著的相关关系的结论。Bhagat et al.(1999)、谭劲松(2003)也得到相似的研究结果。而谢德仁(2005)从原因出发,对独立董事制度未起到显著作用这一现象进行解释,认为最主要的原因可能来源于两部分内容:第一,企业并未认识到这是企业委托代理问题的一部分;第二,企业对独立董事的经理人性质没有理解到位。

(3)独立董事背景与企业绩效的相关研究

具有不同背景的独立董事对履职企业所起到的作用是不尽相同的。周繁(2010)以独立董事背景作为独立董事制度有效性的衡量标准,并认为,具有会计背景和法律背景的独立董事对监管大股东资金占用情况起到很大的作用,然而具有会计背景的独立董事与企业的盈余质量之间没有相应的促进或抑制关系。王跃堂等(2008)对独立董事的背景与企业绩效之间的关系进行研究后发现,具有法律背景的独立董事能够有效地约束管理层的违法行为。Anup et al. (2000)发现,当公司进行一些对外经营业务时需要与政府部门之间有较多的往来接触,公司管理层对具有政府背景的独立董事的需求就会明显上升。魏刚等(2007)发现,独立董事的专业背景如法律、会计及技术并没有对企业绩效起到相关的作用,然而有政府背景和金融行业背景的独立董事的比例却与企业绩效呈现显著正相关关系。余玮(2011)基于独立董事的专业性与其政府背景分析得出,不同性质的企业对独立董事背景的需求不一样,国有企业更偏向于招聘具有政府背景的独立董事。徐高彦(2011)从独立董事的声誉角度出发,基于沪深两市部分上市公司的财务和独立董事相关数据,通过实证研究得出,独立董事的声誉、专业背景及独立董事在董事会中的比例等多个因素都将有效遏制公司大额关联交易现象。韩忠雪等(2014)对具备技术背景的高管与企业绩效之间的关系进行研究,结果表明,聘请具有技术背景的高管的公司的技术效率会提高,因为有技术背景的高管能够为公司争取到创新技术所需的物资等高投入,保证了技术工作人员的工作水平和效率等。

(4)独立董事薪酬与企业绩效的相关研究

对于独立董事薪酬与企业绩效之间的关系也有很多学者进行了大量研究,研究结果表明,独立董事薪酬的不同会影响其工作的积极性,薪酬低使监督力变弱,进而影响企业绩效。

Morck et al. (1988)、Hermalin et al. (1998)的研究结果都表明,独立

董事的薪酬与其发挥监督职能的积极性有一定的关系，他们需要有足够的薪酬激励才能更好地履行监督职能。梁峰(2002)从独立董事的声誉机制、薪酬和控制权三方面探讨如何激励上市公司中独立董事有效履行职责及如何制订有效的约束机制，并提出激励独立董事履行职责的相关措施及建议。胡兴球等(2002)从薪酬制度、保险保障制度、个人信誉及社会评价体系等角度做了深入的探讨。孟明(2003)也肯定了独立董事的声誉机制对独立董事职能发挥的重要性，并系统分析了声誉机制在独立董事激励机制中所扮演的重要角色，并且指出我国应该尽快建立上市公司独立董事信誉市场、个人信用体系及独立董事中介评价机构。郭晓丹(2005)通过研究表明，独立董事的薪酬应限制在一定的范围之内。若薪酬过低，则会出现激励作用不足的问题，难以招聘到企业需要的优秀人才；然而独立董事薪酬过高的效果也未必好，一旦给予过高的薪酬，独立董事容易丧失自身的独立性，有可能出现凡事从自身利益角度出发的行为，从而不利于企业决策的制订。因此，本书认为，在薪酬设计上应综合考虑各方面因素，结合长期和短期激励、现金和非现金报酬来综合设计。此外，谭劲松(2003)认为，有效的激励包含三个方面，分别是法律、经济和声誉机制，并且认为，独立董事薪酬制度的制订应该以保障独立董事独立性的正常发挥为前提，并对独立董事起到一定的正向激励及促进作用，保证独立董事能够积极主动地履行应尽的职责并明确自身的义务。

我国证监会规定，独立董事薪酬应采用固定津贴制，独立董事的薪酬不应该与履职企业的经营业绩挂钩。(孔玉生等，2006)该种薪酬制度的制订是为了更好地让独立董事的独立性在履职过程中得到发挥，进而实现独立董事监督职能的有效履行。然而，固定津贴制也存在一定的消极影响，如采用该种薪酬制会在一定程度上影响独立董事自身的工作积极性。葛培华等(2004)认为，综合声誉机制、固定津贴制和股票期权制等多种薪酬激励方式制订的薪酬激励机制将成为最有效的薪酬激励方法之一。权锡鉴等(2004)认为，应该从经济和人格两个方面来激励独立董事。杨晓嘉等(2004)通过对薪酬激励制度的研究，将所有有关独立董事的薪酬激励措施分为物质激励和非物质激励两种。

此外，宋丽丽等(2004)从企业经营成本的角度考虑，认为较高的独立董事薪酬将会大大增加企业的支出费用，独立董事薪酬的高低也可以间接反映出企业经营绩效的优劣。但是骆品亮等(2004)发现,能力较好,属于“行业专家”的独立董事获得的薪酬较高,因为尽管在企业中任独立董事能提高其声誉,但是一旦缺乏物质基础的激励,就会造成工作懈怠。汪平等(2014)重构了高管薪酬激励的核心理念,从股东收益保护与股东财富增长的角度出发,创新性地提出资本成本约束观。本书认为,单纯谋求薪酬最大化并不能起到很好的激励作用,高管薪酬机制的核心是合理调整薪酬来对公司的管理行为进行科学的管控。

(5)灰色董事与企业绩效的相关研究

当独立董事与公司的管理层高管,尤其是企业CEO之间存在一种社会关系时,将会对独立董事的行为产生一定程度的影响,而这类与CEO等之间存在关系的董事即灰色董事。刘诚(2015)提出,灰色董事理论认为,CEO与独立董事的社会关系会降低董事会的监督意愿,降低董事会与经理层的信息沟通和认知成本。刘诚等(2012)认为,灰色董事在董事会中占比过高会导致决策无法客观独立地进行,从而无法改善公司治理结构和保护中小股东的利益。但事实上,尽管独立董事选聘时有法律上的规定限制,但是我国上市公司的独立董事与管理层间都存在密切的社会关系。(段海艳等,2008)而独立董事与管理层之间一旦有一定的社会关系则会影响董事会的决策,甚至有可能严重影响董事会的独立性和有效性的发挥。(刘诚等,2013)刘诚等认为,灰色董事即名义独立董事和实际独立董事对公司治理的影响存在显著差异,这也说明了实际独立董事能对企业绩效起到一定的作用,并不是所谓的“花瓶董事”。

(6)独立董事发表独立意见与企业绩效的相关研究

独立董事在董事会中发表独立意见也是独立董事有效履行职责的一种行为表现形式。2001年,我国证监会发布的《关于在上市公司建立独立董事的指导意见》规定,独立董事在履行职责过程中应对履职公司的重大经营决策项目发表独立意见。2004年,我国证监会发行的《关于加强社会公众股股东权益保护的若干规定》指出,若上市公司董事会未进行现金利润分配预案,应在定期报告中披露原因,而独立董事应对此发表独立意见。杜琰(2009)曾组织过针对部分上市公司的“独立董事发表独立意见”的调查,结果显示,有将近94.13%的被调查独立董事从未在履职企业的董事会会议上主动提出过反对意见。另外,上交所也进行过类似的调查,选取了上交所的部分上市公司的独立董事,这次的结果显示有33.3%的独立董事并没有发表过任何反对意见,也从未投过弃权票。通过对比这两次调查,我们可以看出,越来越多的独立董事敢于对企业的经营决策行为说“不”,资本市场上企业的公告中开始出现独立董事的独立意见。

李彬、童颖和白重恩等人结合我国制度背景,发现上市公司在实际被控制人控制的情况下,独立董事在重大事项上说“不”可能会引发被监督者和监督者之间激烈的冲突,导致独立董事离职概率加大。但是如果独立董事没有履行应尽的义务,当公司发生财务欺诈事件时,股东们会认为独立董事应该比其他人承担更多的责任。(Brochet et al.,2013)陈艳(2008)通过研究得出,独立董事发表独立意见会让其在未来获取新职位的概率下降,但若独立董事任职企业的绩效在聘任该独立董事后出现增长的趋势,便会大大增加独立董事在未来离职后获取新职位的可能性。唐雪松等(2010)认为,独立董事说“不”的行为动机很有可能取决于上市公司席位或报酬对其的重要程度,并且证实了独立董事公开说“不”会导致离职率上升这一结论。叶康涛等(2011)根据中国上市公司独立董事对董事会议案发表意见和投票的数据,考察了独立董事的独立性与监督作用,发现多数情况下,独立董事不会公开质疑管理层的行为。但是当公司面临危机时,独立董事尤其是那些具有高声誉、拥有财务背景、任期时间早于董事长任职时间的独立董事更有可能对管理层决策提出质疑,发挥监督作用,并且该监督行为能缓解代理问题,提高公司价值。宁向东等(2012)建立了独立董事监督过程中的行为决策模型。他们认为,从逻辑上讲,独立董事只有在董事会中勤勉地工作,才能够发现控股股东的掏空行为;独立董事只有公正地进行投票,才能够向监管机构发送正确的信号。独立董事对关系收益的重视程度存在一个临界值,低于该临界值的独立董事在发现“掏空”行为后会选择公正的投票,高于该临界值的独立董事会选择包庇控股股东。

综上所述,独立董事与企业绩效的关系研究汇总如表 2-7 所示。

表 2-7 独立董事与企业绩效的关系研究汇总

自变量	因变量	相关性	代表人物
独立董事比例 独立董事任职企业数 独立董事薪酬、出席会议比率等 独立董事声誉 独立董事特征及比例	企业绩效	正相关	Rosnestein ,1990;向朝进等,2003 Nguyen et al. ,2010;Giráldez,2014 Yermack,2004 高雷等,2007 王跃堂等,2006;徐高彦,2011 赵晨文,2008;Song et al. ,2013
独立董事比例 独立董事任职企业数及任期		负相关	Agrwaal,1996;骆品亮等,2004;刘亚铮等,2009 陈伟明,2009
独立董事比例 独立董事行业专长、政治背景 独立董事规模及参加会议次数		不相关	高明华等,2002;丛春霞,2004;Leung,2014 et al. ;杨慧馨,2006;李维安等,2007;周国林, 2008 王跃堂等,2006;肖曙光,2006
独立董事比例 独立董事人数、薪酬		「U」形	李汉军等,2007;郝云宏等,2010 谭劲松,2003

2.3.2 网络嵌入视角下的独立董事研究

社会镶嵌理论认为,经济行为嵌入社会关系结构中,受社会关系结构的影响。(Granovetter,1985)它跳出了经济学对经济行为的孤立的分析视角。随着学者对嵌入性的研究,嵌入性逐渐跨越经济社会学的研究领域,在经济学和管理学等社会科学研究中得到了广泛的应用,嵌入性的内涵和外延被大大地扩展了。西方研究者在镶嵌理论分析框架的基础上探讨了大量与公司治理相关的话题。他们研究了一个共同的因素:连锁董事和连锁董事网络。研究结果表明,连锁董事的企业间网络塑造了反公司治理的制度安排和企业战略。连锁董事作为企业的重要社会关系,影响着企业的经济行为和后果。而有关董事网络与公司治理的研究也层出不穷,学术界在社会镶嵌理论的基础上进行了广泛的研究。谢德仁等(2012)认为,董事网络是公司的董事至少在1家企业任职并建立起来的包括友谊、资源和沟通等各种直接或者间接关系的集合。而连锁董事网络是指因董事在不同的企业间任职而形成的网络联结,可以通过董事之间既相互独立又相互弥补来证明。(Richardson,1987)连锁董事作为一种连接点为企业输送网络中的社会资本和各种有利的资源,以此来实现连锁董事网络的价值。资源依赖理论、事业推进理论和阶层凝聚理论为连锁董事网络提供了理论依据。(段海艳等,2008;Burt,1983)

资源依赖理论认为企业的发展离不开从外界环境吸收的资源。“有价值、稀缺、难以模仿和不可替代”的资源是决定企业生存和能否获得长足发展的关键要素,是公司培养竞争优势的基础和保障。(Burt,1983;Hillman et al. ,2000;韩炜等,2008)企业对资源的依赖促使企业间建立连锁董事关系。(Mizruchi,1996)资源丰富的企业在网络中处于有利位置,更有能力控制其他企业,而资源稀缺的企业也会主动地与资源丰富的企业建立联系获取稀缺资源。连锁董事可根据在不同公司兼任董事时所获得的经验优势,帮助企业获取有价值的资源和信息,从而在一定程度上降低经营成本,提高企业的生产经营绩效,帮助董事更好地处理战略决策过程中所遇到的不确定性和复杂性问题,为企业提供在战略和决策环节更易于实施的建议。(Useem,1984; Richardson,1987; Podolny,2001)因此,企业大多会通过独立董事建立连锁董事网络。

事业推进理论源于对连锁董事现象产生的个人行为分析,认为董事是为了能够获得更好的个人利益,如提高声誉、增加报酬、积累经验和扩充人脉等,同时兼任多家公司的董事,从而产生连锁董事联结。(Mizruchi,1996)资源依赖理论认为,连锁董事的产生是企业之间行为选择的结果。但是,事实表明,连锁董事可能是个人行为选择的结果,这种情况在独立董事中表现得更加突出。社会精英阶层为了专业发展、社会地位、个人声誉和物质报酬等,会同时接受若干家企业的邀请,到这些企业的董事会任职。在这种情况下,连锁董事的产生并不是企业行为选择的结果,而是源于个人事业的推进作用。

阶层凝聚理论(Burt,1983)认为,每个国家都存在一些由企业中的精英人物构成的正式或非正式的社会团体,他们拥有相同的背景,追求相同的目标,面临相似的问题,使他们形成强烈的相互认同感,进而汇聚成一个具有凝聚力的社会网络群体。董事会中的董事成员会作为一个阶层而存在,他们为了实现和维护自身利益及整体阶层的利益而相互邀请对方作为其公司的董事会成员,从而形成若干个利益集团。(Mace,1971)在这个社会网络中，很多要素，诸如知识、经验、价值观、情感及观点等通过该社会关系网络进行传递。一方面，作为行业内知名人士，他们通过在社会网络中的互相影响，形成了一致的道德准则和行为规范；另一方面，作为企业的董事，他们尽管没有权力干涉企业高层领导的最终决策，但是他们可以通过为公司设定道德规范，让公司高层接纳这些准则，并在这个准则范围内经营企业，即利用组织来促进个人和所属阶层目标的实现，使得企业成为管理者阶层实现个体利益的工具。（Mills，1956；Mace，1971；Domhoff，1967； Useem，1984； Zeitlin， 1976）

（1）连锁董事网络作用机制的研究

古典经济学认为，个体经济行为很少受社会因素的影响，但会受个体理性、自利的特质影响。以 Granovetter 为代表的经济社会学家，提出了社会镶嵌理论，强调社会关系结构对个体行为的影响。近年来，随着任兵、彭正银和陈仕华等一批学者对连锁董事网络的深入研究，国内学术界对连锁董事网络的研究逐渐丰富、深入，他们跳出委托代理理论，将研究重点从企业内部的公司治理模式逐渐转向企业面临的复杂社会关系网络；同时他们开始意识到社会关系结构对公司治理与企业经营绩效的重要性。社会关系网络作为获取资源、凝聚知识、传递信息的平台，影响了公司高层管理人员制订决策的动机和能力，进而影响了这些人对公司治理准则和治理结构的制订，也决定了公司治理的普及速度和治理形态。（Davis，1991；Davis et al. ，1997）

对连锁董事现象的研究起源于国外，其中很多学者通过研究得出，连锁董事对企业在很大程度上起到了资源供给的作用。如 Gwen（2002）选取了美国的一些企业、非营利组织及政府的人员为研究样本，实证得出，连锁董事对企业的绩效起着积极作用，甚至对国民经济发展等也起到推动作用。Kim（2005）通过实证研究指出，韩国上市公司在聘请独立董事时更注重其社会声誉的影响而非个人能力，而任职数越多的独立董事越具有高声誉和较多的社会资源。各式各样的资源要素支撑着企业作为一个群体组织发展壮大，而通过社会关系网络聚集起来的资源要素就构成了企业的社会资本。布迪厄（P. Bourdieu）将社会资本定义为一种通过对社会关系网络的掌控而获取资源的集中束。随后，科尔曼（James Coleman）继承并深入拓展了该理念。他认为，社会资本是内嵌于社会关系网络而产生的，声誉、信息和知识等构成了它的具体形态。而行动主体的能动性，使得社会资本不仅仅表现为资源的凝聚，其实质体现为对关系网络的开发、重构和管理。(Ritter et al.，2004)Lin(2002)将社会资本资源化，认为社会资本是一种通过网络获取的资源，连锁董事网络起着一种桥梁的作用，越是居于网络中心的企业越能获取更多的资源和信息流(Deutsch et al.，2011)，而且在网络中心的企业可以通过连锁董事来规避外部竞争企业的恶性收购等不利于企业发展的行为。(Davis，1991)另外，连锁董事的引进也能在一定程度上起到监督作用，抑制内部人控制的现象发生。Yermack(2004)强调，居于网络中心的连锁董事可以更有效地监督企业经理人是否做出不利于企业价值提升的投资行为。

同时，国内学者在中国经济转型背景下对连锁董事进行了大量研究。而相关数据表明，大多数连锁董事是独立董事，独立董事在多家企业任职已经逐步成为一种普遍现象，并且形成一种资源网络，即独立董事网络。(郑方，2011)连锁董事作为一种连接点为企业输送网络中的社会资本和各种有利的资源，以此来实现连锁董事网络的价值。(段海艳等，2008)任兵等(2001)选取了部分上市公司进行实证研究，通过研究指出，超过三分之一的企业拥有连锁董事关系，这进一步说明了独立董事在多家企业任职是非常普遍的现象。段海艳(2005)选取了上海的部分上市公司进行研究，结果表明，将近 79.9%的企业与外部企业建立了连锁董事关系。刘亭立等(2014)以上市公司中连锁董事的兼职数对企业绩效的影响为研究内容，通过实证研究发现，连锁董事的兼职数与企业绩效呈现“U”形关系，这说明了独立董事的兼职数只有在一定量的积累中才能实现其价值，为企业发展带来促进作用；否则兼职数只会分散独立董事的精力和时间，不利于企业绩效的提高。田高良等(2011)采用居中中心度和中介中心度来分别测量连锁董事关系的数量和质量，并得出连锁董事关系的数量对企业的质量具有重要影响，而且连锁董事关系能促进企业托宾 Q 值的增加，进而证明了连锁董事能促进企业绩效的提高，为企业带来价值。

由社会网络理论衍生出的社会镶嵌理论、弱联结优势理论和结构洞理论更好地解释了连锁董事对企业绩效的影响过程和模式。谢德仁等(2012)在这几个理论的基础上深入研究了我国独立董事在企业网络中所处的地位，并最终得出，连锁董事的存在是上市公司董事网络之间形成联结关系的重要条件。本书还通过实证研究证明，居于网络中心的独立董事能收集到更多有价值的商业信息。同时，相关研究表明，连锁董事网络的嵌入性使得其从两个方面发挥作用：一是董事个体层面，二是关系网络层面。只有依托关系网络，将董事个体层面的社会资本转化为企业层面的社会资本，才能发挥董事特有的战略决策和监督治理的作用，具体表现为治理和战略的双重嵌入性。（郑方，2011）同时，郑方认为，独立董事将个人网络与企业网络相融合，有利于其决策顾问作用的发挥。他结合社会资本和社会责任，深入探究了连锁董事的嵌入模式和行为特点，以及如何实现连锁董事对公司和社会的价值。毛成林等（2005）从社会镶嵌的角度深入探究了连锁董事在网络作用下的行为表现，认为连锁董事在网络中主要发挥了社会监督、网络寻租，以及强化集体、弱化个体的作用。任兵（2005）通过对连锁董事的制度设计和治理方向的研究发现，社会关系网络和裙带关系是影响公司治理的重要因素。当然由于关系网络的社会资本凝聚功能，董事可以通过网络组织获取必要的资源，对各方利益相关者进行协调控制，同时应对变幻莫测的环境。（彭正银等，2008）Granovetter（1985）发现，连锁董事网络产生了等级社会资本和市场社会资本两类异质性资本，其中市场社会资本是一种基于市场分工协作的关系网络资源，倾向于被用来提高企业的经营效率，而等级社会资本则代表了董事获取、支配资源的权力。

（2）连锁董事网络治理效应的研究

连锁董事网络作为个人与企业网络关系的统一体，蕴含着两个层面的社会资本，其既可以提高企业对资源和环境的把控能力，又能够提高董事会对公司战略决策的影响力。

一方面，研究表明，连锁董事网络影响着企业的经营行为，它促使公司间形成信息沟通机制共享信息，降低信息不对称程度和交易成本，提高企业绩效，有利于发挥董事会战略决策的效用。网络位置特征对企业经营行为和绩效具有积极的推动作用。（Larcker et al.，2010；卢昌崇等，2006）徐勇等（2011）通过研究连锁董事网络发现，董事中心度、结构洞等位置特征能够显著提高企业绩效。一些学者则从更深、更广的层次对连锁董事网络做了深究，发现行业内董事联结在公司战略上倾向于选择保守性战略，相反，行业外董事联结倾向于选择冒险性战略；而两个网络——连锁董事网络和关联方网络则共同作用于董事会和股权结构，对公司治理绩效产生影响。(田高良等，2011；张娆，2011；彭正银等，2010)在企业融资方面，王营等(2014)研究发现，董事网络嵌入有助于上市公司获取债务融资，其主要通过扩大债务融资规模、降低债务融资成本及拉长长期债务期限的方式实现。刘颖等(2015)通过研究连锁董事网络关系发现，连锁董事网络的地域趋同性特征减弱了控股股东利益侵占与融资结构的关系。另一方面，Core et al. (1999)，Fich et al. (2006)，Non et al. (2007)等运用美国、德国、荷兰的数据研究发现，随着董事兼任公司的数量越来越多，董事越来越繁忙，这降低了董事监督工作的效率，验证了董事繁忙假说，同时说明了连锁董事因自身精力、时间等因素的限制会对公司经营活动产生消极作用，可能会降低企业绩效。

因此，连锁董事对企业经营行为既具有正向影响作用，又具有负向影响作用，当然，也有研究表明两者并无关系(彭正银等，2008；刘涛等，2009)。由于研究样本数据的不同和研究目的的不同、研究方法的不同，连锁董事与企业绩效间呈现出不同的关系特征。

(3)网络嵌入视角下独立董事作用的相关研究

自从 1950 年"嵌入性"概念被提出，将这个社会心理学的社会网络概念引用到经济学范畴的公司治理领域后，国内外学者们纷纷开始研究外部董事的社会网络嵌入对企业绩效所产生的影响。(段云，2012)

网络嵌入的表现形式包括结构嵌入和关系嵌入两种。关系嵌入是指在网络成员之间相关联的二元交易关系中具有交易关系的两者间相互信任及资源共享的程度。而结构嵌入是指网络成员之间的联结及网络成员能否在网络结构中占据一个有利位置。(许晖等，2013)独立董事在嵌入企业网络过程中既要考虑企业体制结构的嵌入，为企业实现经济利益；又要考虑关系嵌入对企业的影响，通过自身的社会关系实现企业网络资源的获取。(陈钦约，2010)Zukin et al. (1990)将网络嵌入分解为政治嵌入、文化嵌入、结构嵌入和认知嵌入四部分。王婉珍(2007)揭示了网络嵌入的三个阶段，分别是经济嵌入、体制嵌入及社会嵌入。赵玉雷(2008)结合以上观点，将网络嵌入划分为历史嵌入、文化嵌入、制度嵌入、结果嵌入、关系嵌入和认知嵌入等。陈仕华等(2011)将网络嵌入分为主体嵌入和客体嵌入两类，对认知嵌入从主体角度来分析，而对关系嵌入、结构嵌入、文化和政治嵌入从客体的角度进行分析;从社会嵌入理论视角解释了国内公司治理结构流于形式的现象,企业网络结构及位置和相邻企业的治理情况都将在一定程度上影响公司治理机制效果的发挥。在众多对网络嵌入的研究中,网络规模、网络中心度等指标经常被用来衡量结构嵌入。连锁董事的嵌入使得独立董事对组织在认知、关系、结构等层面产生复杂交互效应,最终影响公司的治理机制。关系嵌入性使得连锁董事的联结出现两种不同的作用:一种认为,弱联结关系具有优势,其使行动者可以接触到自身没有的异质性信息;一种则认为,强联结关系更具有优势,可以共享和转移黏滞性知识,促进企业间更好地合作与交流。连锁董事网络作为重要的社会关系网络,有效地弥补了市场缺陷,降低了风险,促进了双方合作,提高了经济运行效率。(Lin,2005;Lin,1999,2000)

Cesare et al.(2012)通过研究1 500家上市公司的面板数据得到:越强的公司CEO在聘任董事时,越倾向于聘任与自己有关联的董事。但是结果发现,当董事在嵌入企业内部的过程中,若与公司的CEO有较强的联结,企业的绩效就会变差,尤其当公司的董事会缺乏有效的监管机制时,结果更加显著。陈仕华(2009)基于企业网络嵌入与公司治理效果进行了实证研究,结果显示,居于网络中心的企业一般是治理机制较好的企业,而位于网络边缘和外围的企业相对来说治理机制较差。总的来说,他的研究证明了网络中心度对公司治理有显著的正向影响这一假设。傅代国等(2014)对独立董事位置与企业盈余质量之间的关系进行了进一步研究,发现居于网络中心的独立董事能提升公司治理效果,降低公司盈余质量。段云(2012)认为,董事作为企业的监管者嵌入企业的内外部网络中,形成了具有较高信任度的联结关系。而在这种联结关系的基础上,处于董事网络中的独立董事具有高嵌入性,能够为履职企业提供真正所需的社会网络资源。同时,段云通过构建董事社会网络嵌入性与董事会有效性之间的模型检验得到,董事社会网络嵌入性与董事会有效性之间存在着显著的正相关关系;而在大股东掏空行为的视角下,股东、董事与高管三者之间的制衡关系反映出不同的结果;另外,实证结果还说明了,不同类型的董事在企业内外部网络嵌入性特征上存在一定的差异,而这种差异往往会在一定程度上影响企业社会资本的变化。

结构嵌入性使得董事网络出现了结构洞,处于结构洞位置的节点能够将其他节点联系起来，从而拥有信息控制优势。（Burt，1983）信息优势能够使处于结构洞位置的企业优先获取有效信息，降低收集成本；而控制优势则可使其获得信息传递的主动权，控制信息的传递和准确性。因此，有价值的社会资本会聚集在网络的结构洞周围。（Burt，1992）博特（1985）最先提出结构洞理论，说明若董事能够在社会网络中占据较好的资源交换的位置，那么该董事则具备了较高的网络嵌入性，从而形成了“结构洞效应”，即拥有显著的资源优势和网络优势。Ferreira（2011）通过收集上市公司的股价信息对董事会的独立性进行研究，研究结果表明，两者之间存在显著的负相关关系，即与上市公司股价相关信息的传递会显著抑制公司董事会结构优化的进程，并在此基础上降低董事会决策的效率和有效性。还有研究指出，董事间容易受到性别、年龄、职业、教育水平和收入水平等个人特征的影响，由此建立的纽带关系可以加速进行信息和资源的传递与共享的进程。另外，独立董事嵌入具有相似背景的独立董事网络中可帮助其履职企业通过较低的成本获取声誉、信息、知识及战略四种资源。（谢德仁等，2012）

独立董事通过在多家企业任职所拥有的董事网络不仅对企业绩效产生影响，对企业的薪酬方式、战略决策及企业并购联盟等都产生了一定程度的影响。李敏娜等（2014）认为，企业网络在独立董事联结的作用下，提供的董事网络资源具有相似性，从而影响了高管薪酬的激励方式，不同的高管薪酬激励方式影响了企业的成长。研究还指出不同的企业因为连锁董事网络的影响在高管薪酬激励中会有模仿的趋势出现。万良勇等（2014）从社会网络视角出发，研究国内上市公司独立董事在董事网络中的位置不同是否会对企业并购行为产生影响，研究表明，独立董事在董事网络中的中心度越高，其所在的公司发生并购的可能性越大，且并购的绩效越好。究其原因，主要是独立董事咨询顾问的职能起到了一定的作用，为履职企业提供了较多的建议和咨询服务。田高良等（2013）将连锁董事与企业并购损益结合，综合研究了连锁董事对并购双方的并购绩效的影响，发现具有连锁关系的并购双方在并购后实体价值会发生减损，若公司具有较高的治理质量水平，这种减损将会有所减少。在这个过程中，连锁董事主要扮演了信息传递者的角色，为并购双方提供相应信息，从而避免了因信息不对称引起的损失。（韩洁等，2014）韩洁等（2014）同样以并购企业为研究对象,研究表明,存在连锁董事的公司更容易成为并购的对象,这在非国有企业中表现得更为明显。

此外,也有研究指出,连锁董事能促进企业间战略联盟的形成,拥有连锁董事网络的企业在经营过程中信息传递更频繁,资源和经验交流的机会更多,形成战略联盟的可能性也更大。Carpenter et al.(1999)研究指出,连锁董事在企业决策制订过程中起到了促进作用,而具有连锁董事的企业在战略决策中更容易出现模仿的情况。(Carpenter et al.,2001)

以往学者在连锁董事对企业绩效的影响实证研究上,更多的是从社会镶嵌理论、资源依赖理论等出发的。先采用 Ucinet 软件对董事网络进行数据处理,得出连锁董事的中心度和结构洞,再研究其对企业绩效等的影响,从而反映出连锁董事对公司治理的效果。如田高良等(2011)以1999—2008 年的上市公司为样本,采用居中中心度和中介中心度衡量连锁关系的数量,采用向量中心度衡量连锁关系的质量,结果表明,连锁关系的数量和质量的相关性较低,而连锁董事与企业绩效具有较显著的关系。任兵等(2007)采用连锁董事网络核心度研究连锁董事与企业绩效的关系,结果显示,连锁董事网络中越居核心位置的企业绩效越差。段海艳(2012)对连锁董事度中心性指标进行研究,发现连锁董事所有关系的度中心性对企业创新绩效的影响均不显著。

总之,学者们对独立董事与公司治理绩效之间关系的研究没有达成共识。多数实证研究只是观察独立董事的某一特征或某几个特征的集合对治理绩效的影响,而很少考虑到各要素之间的动态交互作用。目前,大多数研究中对治理绩效的衡量主要考虑财务指标,忽略了独立董事对降低代理成本、防止上市公司违规行为的发生及保护股东权益等方面的系统影响。同时,选取的样本、时间、环境及研究方法的不同都有可能造成实证结果的差异。

2.4 独立董事的评价体系回溯

(1)公司治理评价体系研究

评价的思想源远流长,可以说自从人类有了生产活动便产生了评价的意识。而在公司层面,真正意义上的评价开始于 19 世纪中后期,是在现代公司制度出现后，公司的所有者为了强化对其资本所有权的控制而提出的。然后，为了公司治理实务的发展，各种经济组织形成了各自的公司治理评价系统。随着公司规模的扩大和研究的深入，对公司治理的研究也变得更加具体和深入，学者们开始关注治理评价体系中具体的因子，比如董事会治理评价、企业社会责任评价和监事会评价体系等。

国外知名评价体系如平衡记分卡评价体系起源于 20 世纪 90 年代，是哈佛商学院的罗伯特·卡普兰（Robert Kaplan）和诺朗诺顿研究所（Nolan Norton Institute）所长、美国复兴全球战略集团创始人兼总裁戴维·诺顿（David Norton）所提出的一种绩效评价体系，其打破了传统的财务指标评价方法，在财务指标的基础上加入客户、内部经营管理过程和员工的学习成长，能反映组织综合经营状况。标准普尔公司治理服务系统是国外最早的公司治理评价系统，其以《OECD 公司治理准则》、美国 CALPERS 等提出的公司治理原则及国际上公认的对公司治理要求较高的指引、规则为标准制订评价指标体系，把公司治理评价分为国家评分与公司评分 2 部分。国家评分主要评估公司所处的外部环境，侧重外部治理机制；公司评分主要分析公司内部治理环境，侧重内部治理机制。因此，标准普尔公司治理服务系统综合考虑了内部治理机制和外部治理机制，具有较高的权威。戴米诺公司治理评价体系从股东权利与义务、接管防御的范围、信息披露透明度和董事会结构 4 个方面来评价，重视公司治理环境对公司治理质量的影响，其包括 70 多个指标，在欧洲机构投资者中被广泛应用。里昂证券（亚洲）公司治理评价体系从公司透明度、管理层约束、董事会的独立性与问责性、小股东保护、核心业务、债务控制、股东的现金回报和公司的社会责任这 8 个方面来评价公司治理的状况，它注重公司透明度、董事会的独立性及对小股东的保护，强调公司的社会责任，其包括 57 个指标，评价结果为 0～100 的评分，评分越高说明公司治理质量水平越高。

我国公司治理体系建立较晚，目前较为系统的是南开大学公司治理研究中心开发的公司治理评价体系。它最早于 2003 年被提出，其以治理指数的形式来评价公司治理的状况，填补了我国公司治理状况评价体系研究领域的空白。

评价体系具体研究详情见表 2-8、表 2-9。

表 2-8 世界各国公司治理主要评价体系

<table>
<tr><th colspan="2">评价主体</th><th>主要代表</th></tr>
<tr><td colspan="2">个人</td><td>杰克逊·马丁德尔评价体系
杰弗里·苏南菲尔德体系
平衡计分卡评价体系</td></tr>
<tr><td rowspan="2">机构</td><td>国外</td><td>标准普尔公司治理服务系统,戴米诺公司治理评价体系,戴维斯全球咨询,美国《商业周刊》董事会评级,里昂证券(亚洲)公司治理评价体系,CLSA,穆迪、美国机构投资组织、亨得瑞克、DVFA 德国公司治理,布朗斯威克、ICLG“核心”评价,英国董事协会、泰国评价信息服务公司治理评级系统</td></tr>
<tr><td>国内</td><td>南开大学公司治理评价系统,中国证监会和上交所的中国上市公司治理评价体系,香港大学公司治理排名体系,大鹏证券有限责任公司的裴武威的《公司治理评价体系研究》,海通证券研究所《上市公司治理评价体系及其应用》,海通证券吴淑琨和中国华融资产管理公司李有根的《中国上市公司治理评价体系研究》,董事会金圆桌奖评价体系,中国证监会福州特派办评价体系</td></tr>
</table>

表 2-9 主要公司治理要素的评价体系研究

研究方向	代表人物
董事会治理评价研究	谢永珍,2003;马连福,2003;张耀伟,2009;于东智等,2004;张同建,2011
监事会治理评价研究	王世权等,2009;王丽敏,2008
股东行为评价研究	徐伟等,2005;武立东,2003
经理层治理评价研究	李维安等,2005;李维安等,2004;张国萍等,2003
信息披露机制评价研究	唐跃军等,2005
企业社会责任评价研究	Walter,1969;Freeman,1984;Porter,2004;陈正,2007;周文华等,2009
企业信用评价体系研究	标普(S&P) 、穆迪(Moody' s)、邓白氏(D&B)

(2)独立董事评价体系研究

在前期评价研究积累的基础上,随着人们对独立董事制度的重视和研究方法的日渐成熟,学者们开始关注公司治理评价体系中涉及独立董事的相关内容,但是鲜有对独立董事进行单独诊断的系统。标准普尔公司经过多年公司治理评价经验的积累,认为负责任的董事会一般拥有比较多的外部董事，董事会中重要委员会的构成即外部董事和内部董事的比例也很重要。同时，外部董事的提名、选举和薪酬制度也是公司治理时要考虑的重要问题。标准普尔公司在其治理评价体系中明确提到要保证外部董事的职能和独立性，要求独立董事应当保障全体股东的利益（包括考虑其他利益相关者的利益），以及外部董事应当根据透明性制度选举产生。里昂证券（亚洲）公司采用问卷调查的形式，通过 57 个是与否的问题，对 25 个新兴市场国家的 495 家公司进行调查，评价结果采用百分制，范围是 0～100，除给予董事会独立性较高的权重之外，其他指标给予相同的权重，以此来特别强调独立性。

国内引入独立董事制度的时间较短，所设计的评价体系主要围绕两大目标展开：一是通过评估不同上市公司独立董事制度的整体运行效率发现存在的问题，借此作为评估、提高上市公司独立董事制度运行水平的一个手段；二是既有助于通过独立董事个体业绩评价建立独立董事激励机制，正确引导独立董事的行为，降低或规避道德风险等，又有利于上市公司及其投资者了解和掌握相关信息，进而及时地监督和控制独立董事的工作状况。南开大学公司治理研究中心于 2003 年推出了中国上市公司治理指数，主要从独立董事的规模、独立性、职权行使和激励机制等几个方面对中国上市公司的独立董事制度进行评价（谢永珍，2003；李斌等，2004；兰玉杰等，2009），这种侧重于考察我国独立董事制度总体运行状况的评价体系是非常有益的，实现了上述的第一大目标。另外一些学者从独立董事个体行为与个体成果考核角度构建的评价体系主要是为了实现第二个目标。（刘惠萍，2005）

围绕上述两大评价目标构建评价体系时，本书发现，为实现第一个目标而构建的独立董事制度评价体系均包含了 4 个因素：独立董事规模、选聘机制、激励机制和职能执行。而为了实现第二个目标而构建的独立董事评价体系包含具体的工作行为表现和治理效果，比如出勤率、每股收益率等指标。虽然现有的评价体系都涉及了与独立董事相关的评价内容，包括独立董事的规模、个人的任职要求和独立董事的激励等，但是大部分只能是针对某一目标而展开的评价，缺少能够一举两得的新型评价分析框架。

综上所述，国内外董事会治理评价指标中与独立董事相关的项目的具体情况见表 2-10。

表 2-10 国内外部分董事会治理评价指标中与独立董事相关的项目

评价机构或个人	评价项目	具体内容
标准普尔公司治理服务系统体系	外部董事的角色和独立性	外部董事与高级管理层之间的关系,外部董事参与公司事务的历史,外部董事参与的条件,控制性委员会的独立性和活动,清楚界定外部董事的职能,董事选举程序
里昂证券(亚洲)公司治理评价体系	董事会独立性	董事长由独立董事担任,审计、薪酬、提名委员会由独立董事组成
	董事会问责制	独立的非执行董事占董事会人数的一半以上
美国《商业周刊》董事会评级	董事会独立性	审计、薪酬和提名委员会应完全由独立董事组成
	董事素质	董事会中至少有 1 名具有公司核心业务经验的独立董事
南开大学公司治理评价体系	独立董事制度	从独立董事比例、独立董事激励和独立董事的独立性三个维度分别考核公司独立董事规模的合理性、独立董事的工作效率及说明独立董事职责履行的保障情况
上交所中国上市公司治理评价体系	董事会的结构与运作	通过"上市公司董事会中是否设立独立董事"这一问题来分析董事会的独立性
谢永珍(2003)	独立董事	从独立董事规模、独立董事独立性、独立董事的职权行使及独立董事激励 4 个方面来构建独立董事的评价体系
李斌等(2004)	独立董事	从独立董事制度的完善性、个人情况、组织结构、选拔机制、职权行使、激励机制和约束机制这 7 个方面对上市公司独立董事评价指标体系的设置进行了研究

资料来源:笔者整理所得。

因此,本书通过对公司治理评价体系和独立董事评价体系的回溯发现,由于独立董事制度建立较晚,对其评价体系的研究要晚于公司治理评价体系。国外已建立相当成熟的公司治理评价体系——标准普尔公司治理服务系统、戴米诺公司治理评价体系、里昂证券(亚洲)公司治理评价体系等,它们对世界范围内的公司经营发展等起到了重要的作用,有助于市场化运作的健康发展。而我国的公司治理评价体系建立较晚,在体系建设方面还没有相对完善的制度，目前较为系统的首指南开大学公司治理研究中心开发的公司治理评价体系，其对我国公司治理发展具有重要的意义。而在独立董事评价体系建设方面，还未出现非常系统的研究机构。而且现有机构多利用静态的数据来评价独立董事的作用，重复而不准确。独立董事作为动态发展的个体，具有复杂的内在运作机理，有待我们深入探讨。因此，分析独立董事发挥价值的动态运作机理，对本书构建独立董事价值评估体系具有重要的意义。

2.5 文献述评与发展趋势展望

综观已有文献，对独立董事的研究主要围绕四个层面展开：第一个层面是研究独立董事存在的合理性，主要是从理论出发描述独立董事可能对公司治理发挥的作用。通过对不完全契约理论、委托代理理论及社会网络理论的比较分析，本书发现，现有主流学派对独立董事独立性的认识还存在较大分歧，不同的理论基础对独立董事的功能定位也存在巨大的差异。第二个层面是在对独立董事功能定位的基础上，学者们进行了对独立董事制度的设计及运行效率的实证分析，发现事实和理论猜想是存在差距的。尽管各国政府对独立董事的合法性、任职资格及遴选机制都进行了明确的规定，但是事实上，这些制度设计并没有保证独立董事切实发挥其功能。甚至在实证研究中，对同一问题的分析出现了截然相反的结论，这说明大量的实证研究在独立董事制度对公司治理的影响方面未达成共识。进一步地，在寻求差异源头的过程中进入第三个层面的研究——机理研究。学者们开始试图打开独立董事制度如何发挥独立性的行为黑箱。同时，近年来公司治理实践的需要，引发了学者们对独立董事独立性的评价研究，即第四个层面。而在第三个层面及第四个层面的研究是目前研究独立董事的重点。

独立董事制度在我国应用发展的时间较短，在实际应用中反映出来的问题也比较多。本书通过对现有文献的梳理和总结，认为针对独立董事制度的研究在丰富成果的外表之下仍存在较多分歧：

第一，就独立董事制度对企业绩效产生作用的微观机理并没有形成共识，独立董事如何在公司治理制度的框架中发挥价值始终是一个行为黑箱。

第二，实证研究远远超过理论研究，但是大量的实证研究并没有为独立董事价值体现提供一致性的依据。

第三，基于独立董事工作角色混淆的视角，独立董事在履职过程中并不清楚自身应履行的职责和应尽的义务，导致出现了独立董事盲目跟从的现象，并屡屡被标上"花瓶董事"的负面形象和不良评价。

第四，独立董事的定位与内涵尚不清晰，容易导致独立董事的"不作为"，具体表现为独立董事在公司董事会决策中缺乏独立思考；对决策过程中有可能出现的损失或危害感到不安，难以做出决策；弃权，进而影响公司正常的决策效率。

第五，在现有的关于独立董事有效性的研究中，对独立董事独立性进行评价的体系还未建立，且缺乏深入、系统的研究。独立董事独立性无法得到科学的衡量和判定，因此，立足系统理论，科学构建独立董事的价值评估体系成为治理领域研究的难点。

综上所述，对独立董事的研究应该重点解决两个问题：第一，构建一个科学、合理的独立董事价值评估体系；第二，该评估体系需要建立在内部机理分析的基础上，只有揭开了独立董事在公司治理制度的框架中如何发挥价值的行为黑箱，才能为操作层面的评估体系的构建奠定坚实的理论基础。

我国作为在世界上拥有企业数量最多的国家，在揭开行为黑箱之前，以我国的民营企业为研究主体，研究独立董事发挥价值的现实模式和影响作用就具有重要的现实意义。因此，本书先对我国民营企业独立董事的作用模式及微观影响效用进行前期探索性研究，为后期独立董事价值评估体系的构建提供现实的可操作性建议。

第3章 民营企业独立董事发挥价值的现实模式分析

为进行前期探索性研究，本书通过对相关民营企业资料的收集和整理，选出三个典型案例以研究独立董事发挥价值的现实模式，探究独立董事在企业经营管理过程中影响其价值发挥的具体形式，并通过对独立董事价值实现的影响因素的定量化研究，检验其对公司绩效的影响。

委托代理理论为独立董事有效发挥监督作用提供了重要的理论依据；社会镶嵌理论表明，独立董事作为企业管理人中的一员，其行为嵌入性对企业绩效产生重要影响，两个理论互为补充和完善。通过查阅现有企业独立董事嵌入履职企业的相关事例，本书发现，独立董事嵌入履职企业的过程主要包括三个阶段，这三个阶段可以归纳为规则嵌入、能力嵌入及网络嵌入，这三种嵌入对企业的作用不同。第一阶段：规则嵌入。独立董事刚进入企业时，并不能迅速了解企业的经营方式和经营情况，需要通过按时参加公司董事会会议、阅读公司相关文件来迅速参与企业经营活动并发挥自身作用；同时，严格按照沪深股市和我国证监会的相关规定，在刚进入企业时须保证充足的精力和时间为企业提供服务。第二阶段：能力嵌入。在独立董事充分了解公司经营情况后，通过自身能力的嵌入为企业提供专家咨询服务。即独立董事凭借多年从业经验，从专业的角度出发为公司规避风险，遏制大股东掏空行为。第三阶段：网络嵌入。独立董事通过联结在多家企业中任职期间所获取的资源，帮助履职企业获取其所需的资源。在这一阶段，独立董事充分利用自身所承载的社会网络，作为结构洞联结多家企业，进一步发挥顾问的作用，促进企业绩效的提升。

本书选用三个典型案例分别对独立董事的三种嵌入方式进行描述，并且系统分析独立董事在嵌入过程中的行为和模式，明确独立董事嵌入履职企业的微观过程。案例研究的价值体现在将理论研究和实证研究结合上,并充分表现在具体的管理实践中。同时,通过多案例研究的方法,可以归纳出独立董事嵌入企业网络过程中的行为表现模式及效果,为独立董事更好地发挥作用提供具体策略选择。

3.1 独立董事规则嵌入案例

3.1.1 企业简介[①]

上海医药集团股份有限公司(后文简称“上海医药”),前身系上海第四制药厂,于1993年进行股份制改组,其产品包括各类药品及保健品,集团重大资产重组项目被《证券时报》评为“年度最佳创新项目”,又被评为2010年上海国资“最受市场认可的重组”,在证券之星、第一财经及上海市股份公司联合会共同举办的“上海上市公司评选”中荣获“最佳转型奖”,集团还荣获“2010年中国最具投资价值的医药上市公司10强”称号等。

3.1.2 事件简介

2012年6月2日,上海医药公告称,公司收到上交所发出的《关于加强上海医药集团股份有限公司规范运作的监管工作函》。该函表示,上海医药于5月31日召开了2011年度股东大会,公司陈乃蔚、白慧良和汤美娟三位独立董事均未按规定出席会议,上述行为违反了《上市公司股东大会规则》第二十六条规定,请公司及时向该所提交书面说明和整改计划,并杜绝类似行为再次发生。

3.1.3 独立董事简介[②]

陈乃蔚,男,1957年出生,博士研究生学历。2010年7月29日任上海医药独立董事。曾任复旦大学法学院教授,上海市锦天律师事务所合

---

① 本书所选择公司的相关资料均来源于互联网搜索的相关网页和同花顺中的公司咨询板块,且均为公司的公开数据。

② 本书所选择的独立董事的相关资料均来源于互联网搜索的相关网页和同花顺中的公开资料。

伙人、高级律师，上海市律师协会副会长、中国科技法学会副会长、中国国际经济贸易仲裁委员会仲裁员、上海仲裁委员会会员、国际商会仲裁院仲裁员及国际奥委会体育仲裁院仲裁员等。

白慧良，男，1942年出生，毕业于北京工业大学有机合成专业，高级工程师，特邀教授，中国非处方药物协会会长，中国医药企业管理协会副会长，兼任上海医药、四环医药控股集团有限公司及甘肃独一味生物制药股份有限公司独立非执行董事。

汤美娟，女，1965年出生，本科学历。英国特许注册会计师协会及香港会计师公会会员，并已取得香港大学社会科学管理研究专业的学士学位。于2003年至2008年担任TOM集团有限公司的执行董事，亦曾担任中国平安保险(集团)股份有限公司首席财务官及首席运营官，其为上海医药的独立非执行董事。

3.1.4 案例点评

上述案例中三位独立董事都没有按照规则嵌入履职公司中。独立董事规则嵌入企业中，应该遵守相应的规则，包括按要求参加上市公司的董事会，按时监督并披露上市公司的相关财务信息，兼职企业数不能超过5家等。该案例中，多位独立董事在规则嵌入企业过程中没有严格遵守规定，给企业带来了一定的损失，不利于企业绩效的提高。

另外，深交所《深圳证券交易所股票上市规则(2004年修订)》第3.1.5条规定独立董事："原则上应当亲自出席董事会，以正常合理的谨慎态度勤勉行事并对所议事项表达明确意见；因故不能亲自出席董事会的，应当审慎地选择受托人。"《中小企业板块上市公司董事行为指引》第四、第七条规定及公司在《董事(监事)声明与承诺》中做出的承诺：遵守并促进上市公司遵守国家法律、行政法规、部门规章、规范性文件，履行忠实义务和勤勉义务。《上市公司股东大会规则》第二十六条规定："公司召开股东大会，全体董事、监事和董事会秘书应当出席会议，经理和其他高级管理人员应当列席会议。"

显然该三位独立董事都没有按照相关法律法规要求参加董事会，对履职企业的经营情况都不了解，更谈不上履行其他监督或者咨询顾问的工作职责。独立董事在进入企业时，应先实现规则上的嵌入，按时参加董事会，完成企业必要文件的阅读，否则不仅无法发挥独立董事的监督职能，更无法通过自身的能力嵌入发挥作用。

3.2　独立董事能力嵌入案例

3.2.1 企业简介

保利房地产(集团)股份有限公司(后文简称“保利地产”)成立于1992 年，是中国保利集团控股的大型国有房地产企业，也是中国保利集团房地产业务的主要运作平台，是国家一级房地产开发资质企业，也是国有房地产企业中综合实力居榜首的企业，并连续四年蝉联央企房地产品牌价值第一名。2009 年，公司品牌价值达 90.23 亿元，为中国房地产“成长力领航品牌”。截至 2010 年，公司连续五年蝉联“国有房地产企业品牌价值 TOP10”榜首，荣获《中国证券报》“2009 年度上市公司金牛奖”、《理财周报》“2010 中国主板上市公司最佳董事会”，并在中国资本市场成立二十周年庆典上荣获上交所评选的“2010 年度上市公司信息披露提名奖”。公司亲情和院物业服务品牌在全国 106 个社区得到广泛认可。

3.2.2 事件简介

2011 年 8 月 5 日，保利地产在北京举行了董事会会议，会议通过了五项议案，其中一项议案是关于北京蓟门桥项目立项的，该项目当时是由北京另一家房地产开发有限公司持有的，保利地产想通过收购重新夺回 2010 年 3 月土地拍卖会中丢失的这个项目。但是对此次收购项目，保利地产内部产生了严重的分歧，魏明海和张礼卿两名独立董事发表了自己的看法，并在董事会中分别投了弃权票和反对票。魏明海认为：“北京蓟门桥项目营利前景一般，如有可能应争取更多获利条件。”张礼卿则认为：“北京蓟门桥项目成本较高，营利前景存在较大不确定性，建议公司在目前市场环境中慎重考虑。”最终公司董事会以 7 票同意、1 票反对、1 票弃权通过了北京蓟门桥项目立项的决议。

尽管最终董事会还是通过了决议，但是独立董事勇于投反对票，表达独立意见，对履职企业表现出了负责任的态度。另外，房地产业内人士表示,此次董事会议案风波显示了北京的房地产行业前景堪忧。同时,保利地产方面表示,此次议案只是项目立项,公司方面会完全尊重独立董事发表的意见,在未来经营过程中也会秉承谨慎经营的态度。

3.2.3 独立董事简介

魏明海,男,博士,教授,博士生导师,1964 年出生。曾任中山大学管理学院院长、国家自然科学基金管理学部评议组成员、全国 MBA 指导委员会委员、中山大学校长助理、中山大学产业集团董事长和国际合作处处长、财政部企业内部控制标准委员会委员、财政部会计准则咨询专家组成员和中国会计学会常务理事。

张礼卿,男,1963 年出生,经济学博士,教授,博士生导师。曾任中央财经大学金融学院院长、国际金融研究中心主任,享受国务院政府特殊津贴,入选"新世纪百千万人才工程(国家级)""教育部新世纪优秀人才支持计划""财政部跨世纪学科带头人",兼任中国世界经济学会副会长、中国国际金融学会副秘书长、中国金融学会理事、刘鸿儒金融教育基金会学术委员、亚洲经济专家论坛成员和中国证监会第 12 届发审会委员。

3.2.4 案例点评

此次独立董事发表独立意见的案例显示了保利地产等多家国内上市公司在公司治理上的进步,独立董事的弃权及反对都是一种积极的表现,说明独立董事开始承担起自己的责任,而不再是"花瓶董事""签字董事"。

尽管魏明海和张礼卿两位独立董事都不是房地产行业的专家,但是凭借自身的专业知识、能力及丰富的从业经验,分别从企业财会、金融、企业未来发展方向及其他方面对此次投资项目进行分析,发挥了独立董事的专业特长和优势。尽管这次反对的意见并没有被采纳,但也让保利地产对这次项目中可能存在的风险予以重视,并且在未来的发展中采取更为谨慎的态度。

这是一种独立董事能力嵌入的展示,独立董事充分利用自身所掌握的专业能力和知识,从不同的角度分析问题,找出企业的风险控制点,指出企业在决策过程中将面临的风险和危害,为企业最终决策提供了专业意见。该案例中独立董事具备高学历及专业知识，在多家单位任职，具有较高水平的综合能力，并积极为企业提供专业意见，将自身能力很好地嵌入企业内部，促进了企业价值的提升。

3.3 独立董事网络嵌入案例

3.3.1 企业简介

菲利普·莫里斯国际公司为一家大型跨国企业，它既是当今世界上第一大烟草制造商，也是世界上第二大食品制造商。菲利普·莫里斯公司主要经营烟草、食品、啤酒、金融和房地产等业务，拥有 5 个业务的子公司遍及世界 180 多个国家和地区。菲利普·莫里斯国际公司在世界上 180 多个国家和地区销售 160 种牌号的卷烟，它拥有 27 个卷烟加工厂和销售机构，并许可 36 家公司生产它们的产品。20 世纪 90 年代以来，公司在东欧、亚洲、中东和拉丁美洲的一些经济增长较快、市场逐渐开放的国家和地区相继购买、新建和扩建了一批卷烟制造厂。近几年，根据市场的变化，公司对其国际卷烟生产体系进行了一系列整合，关闭或合并了一些小的生产点。2000 年，公司的海外卷烟产量达到 935.4 万箱，占集团卷烟生产总量的 53%。

2003 年，菲利普·莫里斯国际公司投入巨资在北京成立分公司，取名为菲利普·莫里斯(中国)企业管理有限公司。2005 年，菲利普·莫里斯(北京)企业管理有限公司与中国烟草公司在北京正式签署了合作协议，公司旗下品牌万宝路牌卷烟将由中国烟草公司下属工厂生产，并且由其指定的子公司在全国范围内代为销售。

菲利普·莫里斯国际公司拥有全世界最豪华的董事会成员，除董事长Louis C. Camilleri 一直是菲利普·莫里斯集团的嫡系部队外，其他董事会成员还包括美国前国防部长哈罗德·布朗(Harold Brown)，担任过撒切尔夫人和梅杰首相国会特别助手的英国前保守党议员 J. Dudley Fishburn，曾任意大利最大汽车集团菲亚特 CEO 的马其奥尼(Sergio Marchionne)，曾任世界最大啤酒酿造商 SAB Miller CEO 的 Graham Mackay，全球最大石油公司之一美孚前董事长兼 CEO 卢西奥·那图(Lucio A. Noto)，以及 2010 年世界首富墨西哥的 Carlos Slim Helú。菲利普·莫里斯国际公司的董事会成员不仅包括美英这类超级大国的前高官政要，也涵盖了来自欧洲、北美、非洲、拉丁美洲等最知名的商界巨擘。

3.3.2 事件简介

菲利普·莫里斯国际公司于 2010 年 3 月 31 日在美国证券交易委员会官方网站发布信息，提名全球最大中文搜索引擎——百度的首席财务官李昕晢女士担任其独立董事。菲利普·莫里斯国际公司是拥有近百年历史的西方世界老牌跨国巨头，但近年来烟草行业在发达国家的发展并不尽如人意，在这种时代背景下，全球各大烟草商都将目光聚集在世界上烟草销售量最大的国家——中国(2010 年中国烟草销量占全球烟草销量的 48%，接近一半的份额)，菲利普·莫里斯国际公司也不例外。公司想通过独立董事的任命来加强与中国市场的联系，在中国烟草行业中占领一部分市场，拓展公司的海外蓝图。

公司选择董事会成员的标准非常高，这点可以从其强大的董事会阵容中体现出来。同时，此次与李昕晢合作，聘请她进入公司董事会，是对她卓越职业积累及管理才能的充分认可。菲利普·莫里斯国际公司方面认为，李昕晢女士的加入会加强该公司董事会的力量，并进一步提升董事会全球化的视野。

但是中国控制吸烟协会对这项合作采取了反对态度，认为李昕晢不该充当菲利普·莫里斯国际公司进入中国市场的桥梁人物。而且作为百度的财务官，李昕晢此举会影响百度的无烟形象。中国控制吸烟协会多次出面协商，但仍然无果。对于李昕晢出任该公司独立董事这一举动，中国控制吸烟协会及国内很多专家都认为会危害全国人民健康，国人有义务协助遏制烟草的盛行。但是百度方面认为，李昕晢出任该公司的独立董事是代表其个人的行为，不代表百度的态度，不会影响百度的无烟形象；另外，百度作为高科技企业并不会对此事进行任何宣传工作。同时，百度也希望能够与世界 500 强企业建立一个学习的渠道，吸取它们优秀的经营经验，促进百度更好的发展。

最终，李昕晢与菲利普·莫里斯国际公司合作，成为其董事会中的成员。她的加入标志着中国女性首次进入世界 500 强企业的董事会，中国企业管理人员开始进入公司治理的国际舞台。

3.3.3 独立董事简介

李昕晢于1990年毕业于清华大学，1994年获英属哥伦比亚大学工商管理硕士学位。1994年李昕晢加入美国通用汽车公司，任财务经理、司库、财务总监；2004年，她担任中国通用汽车的首席财务官；2008年3月31日，她出任百度首席财务官；2010年5月，菲利普·莫里斯国际公司聘请李昕晢担任它的独立董事，李昕晢成为第四位出任标准普尔500指数成分股公司董事的中国管理人员，也是第一位担任该职务的中国女性。

3.3.4 案例点评

李昕晢在多家企业任职，不仅是菲利普·莫里斯国际公司的独立董事，同时也是百度的高管。若她将所拥有的社会网络有效地利用到履职企业内部，便可以为企业提供极为有利的资源。第一，从菲利普·莫里斯国际公司的角度来说，李昕晢在百度任职的经历可以为公司提供丰富的国内上市公司管理经验及分析国内市场趋势走向等。第二，对百度而言，李昕晢也能为百度未来的国际发展战略提供国际经营策略和企业经营经验。

李昕晢在菲利普·莫里斯国际公司中的作用主要体现在其资源供给上。根据资源依赖理论，拥有丰富管理知识、经验和技能的董事会成员，更容易对国内相关行业的企业和政府部门产生较大的影响力。李昕晢在其履职企业中扮演着桥梁的角色，建立起菲利普·莫里斯国际公司与中国市场的通道，进而让该公司顺利进入中国烟草市场。另外，处于结构洞位置、嵌入在社会网络中心的独立董事能够增强该公司的行为效果，主要体现在该独立董事能促进市场间的信息流动；通过个人的声誉加强社会信用认同感，促使国内市场的消费者增强对该公司的了解和信任。李昕晢曾在美国通用汽车公司任职，又任世界最大中文搜索网站——百度的首席财务官，她所掌握的资源和社会网络是巨大的，所以其具有更强获取资源的能力，包括声誉、信息和知识等。菲利普·莫里斯国际公司认识到李昕晢具备了丰富的管理经验和卓越的判断能力及眼光，既了解美国这个成熟的市场，也熟悉中国市场，通过其强大的社会网络可以获取很多资源，所以邀请李昕晳成为该公司唯一的亚洲女性独立董事。

3.4　模式对比分析与总结

本章通过对三个民营企业典型案例的现实模式的剖析，分别形象生动地描绘了独立董事嵌入企业经营发展过程中的三种形态——规则嵌入、能力嵌入和网络嵌入。这三种嵌入形态依次递进，最终发挥了独立董事的应有效用，体现了独立董事的价值所在。

在第一个案例中，上海医药的三名独立董事并未按照规定有效地做到规则嵌入，他们并未履行自己作为独立董事勤勉尽责的义务，在为企业发展带来消极作用的同时，也对社会经济秩序有序开展造成了不良的影响。并且独立董事能力嵌入的前提是能够有效地做到规则嵌入，能够详细、具体地熟悉公司内部运作，了解公司发展动态，只有这样才能在公司重大决策事项上，给出自己的专业意见，做到有效的监督控制。若未进行规则嵌入，其能力嵌入的效果必将遭到质疑。在对企业经营情况无法准确获知的情况下，又如何为企业提供有价值的信息及进行网络资源的嵌入？

在第二个案例中，保利地产的独立董事在有效规则嵌入的基础上为企业提出了自己的专业意见，分析了企业决策过程中有可能面临的风险。尽管在该案例中独立董事的意见并未被有效采纳，但是独立董事在决策推行过程中发挥了自身的专业知识能力，起到了提示的作用，为公司的经营发展提供了前瞻性的建议。此举不仅彰显了独立董事所具有的价值，同样树立了独立董事勤勉尽责的形象，给公司带来了积极正面的影响。

在第三个案例中，菲利普・莫里斯国际公司在选择独立董事时便考虑到了独立董事拥有的网络资源对公司开拓新市场的重要意义。当然，独立董事网络嵌入作用的有效发挥必须建立在规则嵌入和能力嵌入的有效嵌入基础上。如果独立董事对履职企业的基本情况并不了解，而且没有足够的专业能力判断公司真正所需要的资源和意见，也就无法对自身所拥有的社会网络进行正确的筛选并提供网络资源。在多数情况下，独立董事未进行规则嵌入被视为“不作为”，未能进行能力嵌入被视为“不专业”，最终被贴上“签字董事”的标签。这些负面形象产生的原因之一就是独立董事未能很好地将规则及能力嵌入企业内部并发挥作用。而在第三个案例中，李昕晢若能保证充足的时间和精力，在掌握社会网络的前提下，必定能为菲利普·莫里斯国际公司带来价值上的提升。

三个案例的模式比较与分析如表 3-1 所示。

表 3-1 三个案例的模式比较与分析

嵌入模式	案例企业	事件简述	分析
规则嵌入	上海医药	陈乃蔚、白慧良、汤美娟三名独立董事未按规定出席公司 5 月 31 日召开的 2011 年度股东大会	三名独立董事未按照规定出席股东大会，不仅违反了相关规章条例，同时也没有尽到勤勉尽责的义务。在此情况下，规则嵌入的缺乏，使得他们对公司的经营情况无法及时、有效地掌握，无法发挥自身的专业能力，为公司提供有效的决策建议，再做到能力嵌入和网络嵌入
能力嵌入	保利地产	在北京蓟门桥项目收购董事会会议中，魏明海和张礼卿两名独立董事发表了自己的看法，并在董事会会议中分别投了弃权票和反对票	魏明海和张礼卿两名独立董事针对该项目的情况，分别提出自己的专业建议，不仅做到了勤勉尽责，更彰显了自己的价值，体现了独立董事作为外部专业人士在公司经营发展方面的作用，切实为公司的经营发展建言献策。他们在规则嵌入的基础上，切实做到了自身能力的嵌入
网络嵌入	菲利普·莫里斯国际公司	公司提名百度首席财务官李昕晢担任其独立董事	李昕晢作为清华大学的高才生，在取得英属哥伦比亚大学工商管理硕士学位后，先后在美国通用汽车公司、百度等任职。其专业能力毋庸置疑，且拥有的中国高等学府学子、全球最大中文搜索引擎首席财务官的背景，使得其被菲利普·莫里斯国际公司选聘为公司的独立董事，作为该公司拓展海外市场的重要人物。而李昕晢出任该公司独立董事也为百度学习国外优秀企业管理经验提供了重要渠道。因此，李昕晢独立董事的身份，为国内外优秀企业融通了资源，促进了信息的交流，其网络嵌入价值体现得淋漓尽致

综上所述，规则嵌入是能力嵌入和网络嵌入的基础，独立董事只有切实履行相应的规章条例，做到勤勉尽责，才能充分发挥自身的专业优势，

为进一步实现能力嵌入做好准备。而能力嵌入则是独立董事发挥监督控制作用的重要基石。对独立董事的任命,有着严格明确的要求,因此,能够被聘为独立董事的人,一般都具有一定的专业知识和社会地位,只要能够切实履行独立董事应遵循的相关规定,了解、熟悉公司经营情况,其能力的嵌入必然能够为公司的发展做出贡献。在能力嵌入的基础上,独立董事可以利用自己的社会地位和影响力来达到网络嵌入,即利用自身所获取的资源,为企业的经营发展提供优质资源,并促进企业间的交流与沟通。

第4章　民营企业独立董事发挥价值的机理分析

4.1　独立董事对企业绩效的影响机理分析

根据委托代理理论可知，独立董事的履职过程是一个逐渐降低委托代理成本的过程。随着网络嵌入视角的开启，独立董事更多的是通过扮演企业社会网络中"结构洞"的角色而起作用的。这种网络嵌入的过程和个体特征并不仅仅体现在专家职能下的资源嵌入过程中，更体现在为企业提供了更有价值及准确的信息的过程中，从而降低信息不对称程度。作为独立董事监督和服务的对象，企业内部的代理人群体出现网络嵌入的特征，从单纯的职业经理人到"两职合一"的控股股东，其代表的利益群体也逐步地呈现出网络化的特征，而且这种网络的规模和复杂程度也在飞速地加大独立董事监督的难度，但这仅仅是问题的其中一个方面。另一方面，在上市公司规模迅速扩大、企业经营内部环境越来越规范、外部环境越来越复杂的管理现状下，对企业战略性资源和外部社会资本的要求都日益提高。在这种现实情况下，若企业还是维持过去的经营方式，即仅靠企业内生性的积累方式是无法实现企业的快速成长目标的，依靠网络嵌入的变革方式是企业在未来发展过程中的必要手段。企业需要通过网络嵌入的方式注入更多的外部资源和社会资本，进而不断提高企业应对外部环境变化的适应能力，创造企业自身的核心竞争力，最终实现经营战略目标。在现代公司治理环境中，独立董事的网络嵌入更有利于其融合监督与专业咨询等职能，进而形成新的独立董事制度分析机理。独立董事通过规则、能力和网络的同时嵌入发挥监督和顾问的双向职能，大大促进了企业绩效的提高。

立足社会网络理论可以发现，独立董事拥有企业所欠缺并追求的资源，包括独立董事的专业背景、行业经验和强大的社会网络资源。曲亮(2014)认为，独立董事往往作为稀缺的异质性人力资源而受到企业内部人的青睐。因此，独立董事真正有效发挥作用，为企业提升价值就需要其充分融入企业内部、了解企业所需的资源及如何将自身拥有的网络资源嵌入企业中并发挥作用。然而独立性理论认为，独立董事若要保持独立性，须独立于企业本身，特别是企业内部实际控制人等。网络嵌入理论相较于独立性理论而言，则强调独立董事越是独立于企业内部网络，越不能将自身所拥有的网络资源等嵌入企业内部，两种理论形成了对立。因此本书认为，独立董事只有适当调整独立性的内涵，在遵守相关法律法规的基础上成为企业内部人，才能发挥应有的价值。若独立董事制度的引进无法为企业带来价值，独立董事的作用无法得到充分合理的体现，那么其独立性也就毫无意义。总而言之，独立董事作为企业的外部非执行董事，只有在充分了解履职企业的各类战略决策及财务信息的基础上才能更有效地嵌入企业内部网络，进而通过充分发挥自身专业优势实现独立董事制度对公司的影响。在这整个过程中，独立董事扮演了桥梁的角色，成为企业内外部社会网络间信息和社会资本的流通渠道。

然而，社会网络理论并非与委托代理理论完全对立，社会网络理论更重视独立董事的专家咨询职能，而非监督职能。换言之，它对原有委托代理理论进行了完善和补充，它更为具体、全面地解释说明了独立董事的职能，并在监督职能的基础上加深了对独立董事外部专业职能的重视程度。监督机制理论认为，独立董事自身的专业素养和能力及企业的股权结构在很大程度上决定着其是否能有效地发挥监督作用。然而与监督机制理论最大的不同之处在于，网络嵌入理论认为，每个独立董事都是联结企业内外部网络的“结构洞”，其所具有的社会网络资源具有差异化和异质性的特征，而且外部网络可以进行叠加再作用于企业。因此，对于企业而言，其独立董事团队所拥有的社会网络资源越多，其社会资本价值越大，对企业绩效的作用也越大。于是，企业聘任的独立董事的绝对数量是企业能否获取更多社会资本的衡量标准之一。另外，独立董事嵌入履职企业并完全连接内外部社会网络需经历一个适应过程：通过不断获取企业信息，将个人能力运用到企业决策上，为企业决策过程进行把关，即扮演监督和专家咨询的角色。

嵌入行为是一种动态过程，独立董事刚进入履职企业时，只有通过充分获取相关企业信息才能迅速进入状态。本书把独立董事获取履职企业相关信息的过程称为“规则嵌入”，即第一层嵌入模式。在这层嵌入过程当中，独立董事的行为应严格按照我国相关法律法规进行，如积极参与企业的董事会会议，收集并阅读相关数据报表等，认真履行各项职责，充分并合理使用权力，才能有效嵌入企业内部。第二层嵌入模式称为“能力嵌入”，即独立董事利用自身的专业特点，发挥监督职能，有效地遏制企业在法律、财务及决策过程中的不当行为，并为企业提升价值、规避风险等。第三层嵌入模式称为“网络嵌入”。独立董事在这个层次的嵌入需将企业现有资源、发展机遇与外部网络资源充分结合起来，主动为履职企业提供并联系有价值的商业机会，不断为企业提供各种资源，从而获得企业的认可，将个人的效力最大化。通过不断深入地嵌入，并且与企业紧密地结合，独立董事会达到效力的最大化，并将通过独立董事团队的有效分工协作协调企业内部与外部资源，并协同嵌入企业内部网络，为企业发挥“1＋1＞2”的效果。

4.2　研究设计

4.2.1　独立董事规则嵌入模式

独立董事在规则嵌入过程中会受到很多因素的限制，如履职企业的股权关系及董事会构成。独立董事的绝对数量及大股东的持股比例能在很大程度上决定规则嵌入的作用大小。我国证监会在 2001 年发布的《证券公司内部控制指引》中明确规定，上市公司董事会中的独立董事不能少于两人。因此，上市公司都应遵守关于独立董事人数和比例的相关规定，从而实现独立董事的规则嵌入。Yermark（2004）、高雷等（2007）多位学者的研究表明，独立董事人数与企业绩效呈显著相关关系，即独立董事在公司董事会中的人数越多，越能够促进企业绩效的提高。（王跃堂等，2006 ）在提升企业价值和成长能力方面，独立董事人数与其呈正相关关系。（向朝进等，2003）龚辉峰（2011）对上市公司的面板数据进行回归分析后发现，独立董事的比例与企业绩效呈现倒“U”形关系。谭劲松（2003）通过对独立董事特征数据的深入分析后同样得出，独立董事人数与企业绩效之间呈现倒“U”形的相关关系，并认为，董事会中的独立董事若多于 2 人，企业绩效会随着其组成人数的不断增多而提高，而当独立董事有 5 人的时候会为企业带来最大的效益提高量，6 人及以上的规模就会让企业绩效开始下降，9 人是企业绩效最差的结构。

国内部分研究指出，独立董事比例与企业绩效之间并没有显著的相关关系。（周国林，2008；丛春霞，2004）王臻等（2010）以企业信息披露过程为出发点进行实证研究，也得出了相似的结论，即独立董事比例与企业信息披露质量之间并没有显著的正向或者负向相关关系，并指出国内大多数企业只是政策导向的企业，并未有效发挥独立董事的作用。该类企业设立独立董事只是为了形式上满足我国证监会关于董事会构成的相关要求。高明华等（2002）通过对多家连续三年设立独立董事的上市公司与还未引进独立董事制度的上市公司的经营绩效进行实证研究，得出在这两种公司经营模式下，企业的经营绩效并没有显著的差异。在以往的文献中，也有一部分研究认为，独立董事会在一定程度上不利于其履职企业的未来经营绩效的提升。（Bhagat et al.，2002）另外，曲亮等（2014）将样本企业分为国有企业和民营企业进行研究，指出民营企业的绩效与独立董事人数呈显著正相关关系，与独立董事比例并不相关；而在国有企业中的实证结果却完全相反，独立董事人数与国有企业绩效的相关性并不显著，但独立董事比例却与企业绩效显著相关。

因此，本书做出如下假设：

H1：独立董事在董事会中比例越大，对企业绩效提高的促进作用越大。

H1a：独立董事比例越大，对国有企业绩效提高的促进作用越大。

H1b：独立董事比例越大，对民营企业绩效提高的促进作用越大。

H2：独立董事在董事会中所占人数越多，对企业绩效提高的促进作用越大。

H2a：独立董事人数越多，对国有企业绩效提高的促进作用越大。

H2b：独立董事人数越多，对民营企业绩效提高的促进作用越大。

4.2.2 独立董事能力嵌入模式

(1)独立董事综合能力嵌入

首先,独立董事的性别、年龄及学历都可以作为其自身能力的一种衡量标准。当独立董事进入履职企业时,其自身的素质是一种无形的资源,作为综合能力嵌入履职企业中,从而影响企业的绩效。本书以独立董事的性别、年龄及学历三大个体特征作为独立董事综合能力素质考评因素,分析独立董事个体综合能力嵌入对企业绩效的影响。在以往的研究中,学者们在独立董事的性别对企业绩效的影响上并没有达成共识,认为不同性别的独立董事为企业带来的价值不一致,对企业绩效发挥的作用也不尽相同。因为男性和女性具备不同的性格特质,多数研究认为,女性对风险感知更敏感,且相比男性而言更善于沟通(Wood et al.,1985),所以很多学者认为聘请女性独立董事对企业绩效会起到更大的积极的影响(Schaubroeck,1986)。赵子夜(2014)研究得出,女性独立董事能促进文字效应,这也意味着女性独立董事在发表独立意见时携带的信息量更大,能更好地发挥监督的职能。凌梅玲(2007)研究认为,女性较之于男性对滥用组织资源的观点更多地会持反对态度,从而为企业绩效带来积极的影响。另外,很多研究否认了这一观点,王明杰等(2005)将女性独立董事与其个人学历结合进行实证研究,在其研究中发现,女性独立董事的平均学历在硕士以上,具备良好的教育背景。但是他们通过对 1 227 家上市公司的面板数据进行实证研究后得出,女性独立董事对企业绩效产生了消极的影响,而其学历能在一定程度上减弱这种消极的影响。除此之外,女性独立董事还被证实可以促进上市公司慈善捐款行为的发生,这从另一角度说明了女性独立董事对董事会的决策具有一定的影响力。(周泽将,2014)通过对以往研究的论述,本书认为,选聘女性独立董事对企业绩效更有帮助。因此本书假设女性独立董事与企业绩效之间呈现正相关关系。

其次,独立董事的年龄因素也可以作为衡量独立董事工作能力的标准之一。年龄小的独立董事在工作经验、社会网络及阅历方面都还有所不足,并不能有效地起到顾问咨询的作用。心理学相关方面的研究认为,年轻的独立董事处事更为激进,其面对风险的态度和取向与其年龄呈负相关关系(Vroom et al.,1971),不利于企业控制风险(孔翔,2001;Hitt et al.,1991)。另外,独立董事若要有效地履行其监督和咨询顾问的职能,需要具备丰富的领导技能,这些技能也能使独立董事为履职企业做出正确的判断和决策,但必须经历长期的经验积累过程,所以年轻的独立董事在这些方面还有待提升。(张爱平等,2010)但是也有学者研究发现,年轻的独立董事在成长期的企业中能发挥积极的作用(Child,1974),这说明年轻的独立董事更倾向于承担富有挑战性的、不确定性因素更多的、冒险的事务。另外,年龄越大的独立董事精力越有限,工作时间越少,动力越弱,甚至其知识运用及经验能力都处于退化状态,对企业的贡献也相应地减少。(孔翔,2002)同时,也有部分学者支持随着年龄的增加,独立董事所处的关系网络越广,能为企业带来更多的资源,从而提高企业绩效的观点。(高雷等,2007)从独立董事声誉机制的角度来看,年龄大的独立董事更注重其职业生涯的声誉及经济上的保障,所以在这个阶段的独立董事更倾向于做出保守的决策,规避高风险的行为。还有很大一部分学者在以上两种观点基础上进行进一步研究得出,独立董事的年龄与企业绩效之间呈现倒"U"形关系(曾江洪等,2011),年龄介于40～50岁的独立董事往往具备最优秀的能力,能够为企业实现利益价值最大化的目标(李倩,2010)。根据以上论述,本书认为,独立董事的年龄与企业绩效间呈现倒"U"形关系,40～50岁的独立董事与企业绩效间具有显著的正相关关系,对企业价值的提升具有显著的促进作用。

最后,独立董事的学历也是上市公司衡量其专业能力和履约能力的重要指标,独立董事的履约能力将在很大程度上影响其履约效果。周繁(2010)认为,独立董事素质的优劣将成为影响整个独立董事团队能否发挥其应有作用的关键因素。越高的学历代表独立董事学习的时间越长,专业能力越强,对企业绩效的影响也越大。(龚辉峰,2011)具有高学历的人通过多年的学习锻炼,具备了更强的理解能力,在参与企业决策过程中对问题的理解更加深刻透彻,这无疑使得该类型的独立董事在做决策的过程中拥有更强的推动作用。(Fama et al.,1983)从微观经济理论角度来看,科学知识的学习对人力资本积累有促进作用,个体的受教育程度越高,其所具有的经济创造能力也越强。宛庆(2011)把独立董事的学历分成从中专到博士五个层次进行研究,最终认为,独立董事的学历与企业绩效并无显著的相关关系。张慧等(2005)通过研究得出,金融行业的独立董事的学历与企业绩效之间呈现低度相关关系,但在其他行业中并没有表现出此类关系。(张爱平等,2010)根据以上论述,本书得出以下假设:学历越高的独立董事越能够有效促进企业绩效的提升。

本书结合独立董事的年龄、性别和学历三大个体特征因素,设计了独立董事综合能力评分表(表 4-1)。在此基础上,本书将独立董事的教育背景分为五个层次,分别以本科以下、本科、硕士、博士及博士后这种上升的趋势赋值,并在独立董事教育背景的基数上,再根据性别计算,如女性独立董事在此基数上乘以 1.5,男性独立董事乘以 1。由上述可知,40～50 岁的女性具备更强的决策能力和精力,因此我们认为,其具有更强的综合能力,并在基数上乘以 2,作为该独立董事个人综合能力分数。50 岁以上的独立董事对信息评估更具准确性,在声誉机制的作用下,更倾向于选择规避风险的决策,因此对企业绩效起到积极促进作用,但因为精力有限,相较于年轻的独立董事,其对企业的贡献较小,所以对于 50 岁以上的独立董事,我们在原先的基础上乘以 1.5 作为其个人综合能力分数。而 40 岁以下的独立董事因为经验不足,思想过于激进,相对于其他两类独立董事来说,对企业的贡献会更小一些,所以本书将满足这个条件的独立董事的基数乘以 1 的倍数,表示该类型的独立董事给企业绩效带来的促进作用并不是特别显著。

表 4-1　独立董事综合能力评分表

教育背景		本科以下	本科	硕士	博士	博士后
基础分数		1	4	5	7	9
性别	女性赋值	×1.5				
	男性赋值	×1				
年龄	40 岁以下	×1				
	40～50 岁	×2				
	50 岁以上	×1.5				

通过上述理论分析,本书提出如下假设:

H3:独立董事综合能力与企业绩效呈正相关关系,即独立董事综合能力越强,越能促进企业绩效的提高。

H3a:独立董事综合能力与国有企业绩效呈正相关关系,即独立董事综合能力越强,越能促进国有企业绩效的提高。

H3b:独立董事综合能力与民营企业绩效呈正相关关系,即独立董事综合能力越强,越能促进民营企业绩效的提高。

(2)独立董事专业能力嵌入

随着独立董事综合能力的逐步嵌入,独立董事自身的专业背景也会在一定程度上对企业绩效产生重要影响,虽然国内外众多学者对独立董事专业背景进行了大量研究,但至今未形成一致的看法。Brickley et al.(1997)在其研究中将独立董事按照专业背景进行分类,分别是与公司没有相关经营业务往来的其他公司高管、私人投资者、教育界人士、官员、宗教界人士和职业外部董事。本书通过实证得出,只有职业外部董事与企业绩效的提高具有显著的相关关系。Rosenstein et al.(1997)把独立董事分为财务型独立董事、公司型独立董事和中立型独立董事,研究结果表明,具备财务型独立董事和中立型独立董事与公司绩效呈显著正相关关系,但具备公司型独立董事与企业绩效之间并没有任何显著相关关系,然而该分析结果并不能说明这三种独立董事类型之间的优先顺序或者是对企业的贡献大小。Defond(2005)发现,金融市场对聘请了具有财务背景的独立董事的公司给出了积极的反应。国内学者赵昌文等(2008)通过对家族企业中独立董事的专业背景与其履职企业价值之间的关系进行研究后发现,具有高校、政府及企业管理工作背景的独立董事对企业价值提升有显著的促进作用,然而具有法律和会计专业背景的独立董事对企业价值的影响并不显著。

在以往的研究中,具有政府背景的独立董事通常被认为具有加强企业与政府间关系及促进企业价值提升的作用。有研究发现,当企业与政府的贸易合作较多,需要经常与政府部门接触去获得一些资格认可,或者公司的出口业务受到政府的严重影响时,董事会里具有政府背景的独立董事的比例就会增大。(阿拉卜等,1998)国外学者认为,中国具有的独特的人情关系,使得背景和关系在企业中的作用更为明显。其中,王跃堂等(2006)研究发现,中国企业中具有政府背景的独立董事对企业绩效的作用并不像预期的那么显著,即并未很好地改善企业的经营情况。但是,郑路航(2010)从独立董事政治关联视角出发进行研究,他认为,独立董事的政治关联程度与企业绩效之间呈现显著的正相关关系，进一步肯定了独立董事的政府背景的正向作用。魏刚等(2007)发现，独立董事的专业背景与企业绩效之间呈现一定的正相关关系，尤其是具有政府背景与银行背景的独立董事的作用更加明显，对企业绩效提高产生更为显著的促进作用。吴文峰等(2008)通过调研，收集了1 000多家民营上市公司连续5年的面板数据，对民营企业中高管的政府背景与企业绩效之间的关系进行实证研究，结果表明，具有政府背景的企业高管对企业绩效的影响并不显著，但是进一步调查研究显示，相比具有中央政府背景的独立董事，具有地方政府背景的独立董事对企业绩效有着显著的正向影响。赵昌文等(2008)着眼于家族企业中有政府背景的独立董事对企业绩效的影响进行研究，得出两者之间呈现显著的正相关关系的结论。

我国证监会于2001年发布的《关于在上市公司建立独立董事制度的指导意见》对董事会中独立董事的人员构成有明确规定，要求上市公司在聘请独立董事时至少要有1名会计专业人员，这条规定肯定了拥有会计背景的重要性。上述意见也对拥有法律背景及经济管理背景的独立董事做出了相关规定。国内外关于独立董事拥有会计背景对企业绩效提高的促进作用的多数研究都表明了支持的态度。Bedard(2004)研究发现，具有财会背景的独立董事具有良好的企业盈余管理能力。唐清泉等(2006)研究认为，具有财务背景的独立董事，如金融行业或者会计行业的独立董事能为企业融资等经营管理事务提供更加专业的指导。曹洋等(2011)对独立董事背景进行了不同的分类并分析认为，让高校、事务所和企业的会计专业人士担任独立董事对企业盈余管理质量水平的提高起到了一定的抑制作用。本书通过进一步研究发现，不同行业的会计人员所起到的作用也有所不同，如政府行业的会计专业的独立董事提高了企业的盈余管理水平。Ronald(1998)研究发现，处在被监管的情况下，企业会更倾向于采纳具有法律背景的独立董事为公司提供的专业、科学的建议。另外，文芳等(2009)从R&D(Research and Dovelopment，研究与开发)投资角度对高管个人特征与企业的投资项目之间的关系进行研究，结果表明，具有技术经验背景的高管与企业的R&D投资之间具有显著的正相关关系。(韩忠雪等，2014)

以往众多研究显示，具有管理背景和企业经营经验的独立董事能促成企业战略的制订，从而实现企业价值的提升。具有企业管理经验的独立董事往往能起到咨询顾问的作用，为企业在战略制订及资源获取等方面提供有价值的信息。(强生，1996)陈伟民(2009)对具有相关行业技术背景和管理背景的独立董事进行研究，结果表明，具有技术背景和管理背景的独立董事对企业绩效的提高有显著的促进作用。唐清泉等(2006)对具有企业管理背景和非企业管理背景的独立董事与其所履职企业的绩效之间的关系进行研究并指出，当上市公司同时聘请来自企业界和非企业界的独立董事时，对企业绩效提高的正向影响会更显著，而且当比例均衡时能表现出更强的促进作用。

在国内外关于独立董事背景的研究中，对独立董事的职业背景进行分类的标准各有不同。娄芳(2001)综合国内外研究，将独立董事的背景分为监督型、战略型与政治型三类。谭劲松(2003)将独立董事分为会计人员、法律人员、经济管理者、技术人员及其他五类。夏东林等(2005)对独立董事的背景进行了研究，并将该变量分成几个类型，包括财会人员、高校教授、技术人员、行政人员及法律人员。周繁(2010)从独立董事专业角度出发，将独立董事的背景分为五大类，分别为会计、法律、经济管理、技术及其他背景。本书结合独立董事的专业及工作背景两方面内容，将独立董事划分为政府官员、会计人员、法律人员、技术人员、高校教师和企业管理者六大类。王跃堂等(2006)认为，只要独立董事具备在高校、银行或者证券公司等从业的背景，就认为是有管理背景。如上所述，本书将独立董事进行分类后，研究得出，作为独立董事的法律人员、会计人员及工程师等对企业起到的监督作用更为突出，并且能为企业提供专业的诊断；而公司治理下的高校教师及企业内经营管理人员更倾向于为企业发挥管理咨询方面的作用。另外，对于拥有政府背景的独立董事而言，其价值在于能为企业带来更多多元化的外部资源(张敏等，2009)，使得企业更为及时地获取政府的相关合同，从而有利于企业发展(Agrawal et al.，2001)。唐清泉等(2006)以独立董事是否具有实际企业管理经验作为分类的标准，将独立董事分成两大类：第一类为有在高校、科研机构、协会等从事研究和履职经历的专家学者背景的，称为来自非企业界的独立董事；第二类是来自企业界且具有实际企业管理背景的，称为来自企业界的独立董事。

综上所述，本书将独立董事归类为政府类独立董事、支撑类独立董事和管理类独立董事三类，具体情况如表4-2所示。

表4-2 独立董事类型

类型	所包含人员
政府类独立董事	行政类机关办公人员，协会等学会和研究会人员，政府机关附属机构人员
支撑类独立董事	从事财会、法律行业的相关人员；技术类人员，如工程师等
管理类独立董事	高校教授；企业内经营管理人员，如经理等

通过上述理论分析，本书提出如下假设：

H4：政府类独立董事人数占董事会总人数的比例越高，越能促进企业绩效的提高，企业价值也越高。

H4a：政府类独立董事人数占董事会总人数的比例越高，越能促进国有企业绩效的提高，国有企业价值也越高。

H4b：政府类独立董事人数占董事会总人数的比例越高，越能促进民营企业绩效的提高，民营企业价值也越高。

H5：支撑类独立董事人数占董事会总人数的比例越高，越能促进企业绩效的提高，企业价值也越高。

H5a：支撑类独立董事人数占董事会总人数的比例越高，越能促进国有企业绩效的提高，国有企业价值也越高。

H5b：支撑类独立董事人数占董事会总人数的比例越高，越能促进民营企业绩效的提高，民营企业价值也越高。

H6：管理类独立董事人数占董事会总人数的比例越高，越能促进企业绩效的提高，企业价值也越高。

H6a：管理类独立董事人数占董事会总人数的比例越高，越能促进国有企业绩效的提高，国有企业价值也越高。

H6b：管理类独立董事人数占董事会总人数的比例越高，越能促进民营企业绩效的提高，民营企业价值也越高。

4.2.3 独立董事网络嵌入模式

独立董事多重任职，即在一家以上的企业中任职，这在国内外已经是非常普遍的现象了，但关于独立董事的兼职数与企业绩效之间的作用关系至今未在国外学术界达成共识。Fama et al.(1983)认为,董事兼职数量可以很好地反映一个董事的素质和能力,兼职数越多,说明其具有越好的声誉(Gilson,1990;Kaplan et al.,1990; Vasea,1990),兼职越多的董事也被认为是资质较高的董事,他们能为企业带来较多的有价值的资源,因而其履职的企业的绩效也越好。Miwa et al.也通过实证研究证实了这一观点,其结果表明,兼职董事与企业绩效之间有显著的相关性,并且兼职董事在股东股权收购中获得了更大的溢价。(Cotter et al.,1997)但是 Shvdasani et al.(1999)把独立董事的兼职数与其公司 CEO 的薪酬水平进行相关分析研究,结果表明,独立董事的兼职数与 CEO 的薪酬之间存在正向相关关系,从而引发了关于独立董事对管理层的监督职能不能有效发挥的质疑。Brown et al.(1999)在研究过程中也发现了公司兼职董事在收购与兼并过程中经常会获得超额报酬,他们与大股东利益一致,这样不利于独立董事监督职能的发挥。Core et al.(1999)对该现象提出了自己的看法,认为独立董事在企业网络中的兼职数越多,他们对自身承受的负担的感知越强,从而在一定程度上阻碍了独立董事监督作用的发挥,增加了企业的代理成本,进而导致企业绩效和价值的下降。

国内的学者对独立董事的兼职数对企业价值的影响也有自己的看法。曾江洪等(2011)通过对国内中小企业板的上市公司进行实证研究,发现独立董事的兼职数与企业绩效之间呈现"U"形关系:兼职数越多的独立董事所拥有的社会网络和资源越丰富,个人价值也越大;而兼职数越少的独立董事能够保证投入足够的时间和精力为企业服务,所获得的效果也越好;在独立董事兼职数量适中时未能达到最好的效果,究其根源是该类独立董事既无法保证足够的工作时间和精力,又不能为企业提供有价值的资源。但是还有一些学者得出完全相反的结论,认为独立董事的兼职数与企业绩效之间呈现倒"U"形关系,即独立董事兼职数少或者过多都不利于企业成长。(曾江洪等,2011)陈伟民(2009)基于 Kor 模型对独立董事多重任职现象及任期时间与企业绩效之间的关系进行对比分析,最终得出企业经营绩效随着独立董事任职企业数量的增加而明显下降,而且独立董事任期越长,越容易有群体思维倾向的结论,这不利于独立董事提出个人意见,从而在一定程度上削弱了公司创新的空间。段海艳(2009)认为,独立董事通过在企业间的交叉任职而建立的连锁董事网络实现了企业网络资源的共享，进而对企业的绩效产生正向影响。

通过对以往研究的梳理，本书得出以下假设：

H7：独立董事在上市公司中兼职数越多，其履职企业的绩效越好。

H7a：国有企业中的独立董事兼职数越多，其履职企业的绩效越好。

H7b：民营企业中的独立董事兼职数越多，其履职企业的绩效越好。

H8：独立董事的最大兼职数越大，其履职企业的绩效越好。

H8a：国有企业中的独立董事的最大兼职数越大，其履职企业的绩效越好。

H8b：民营企业中的独立董事的最大兼职数越大，其履职企业的绩效越好。

H9：独立董事的最小兼职数越小，其履职企业的绩效越差。

H9a：国有企业中的独立董事的最小兼职数越小，其履职企业的绩效越差。

H9b：民营企业中的独立董事的最小兼职数越小，其履职企业的绩效越差。

综上所述，本书以图4-1所示的模型作为独立董事嵌入对企业绩效的影响的机理模型。

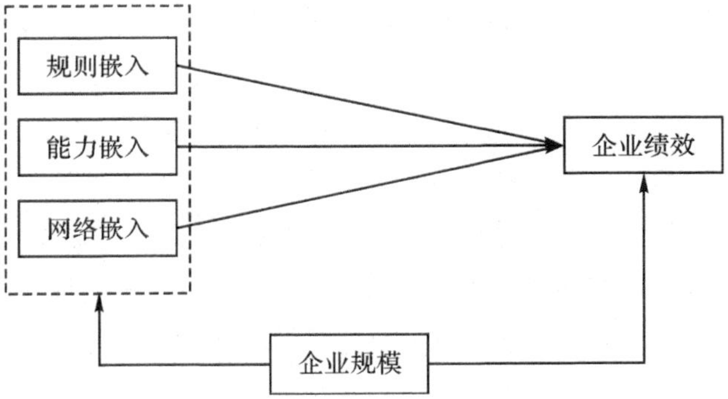

图4-1　机理模型设计

4.3 研究方法

4.3.1 变量定义与描述

(1)自变量

本书模型中的自变量为独立董事三种嵌入方式,即规则嵌入、能力嵌入和网络嵌入。首先,本书选取董事会中独立董事人数和比例作为独立董事规则嵌入的测量指标,来判断上市公司是否符合相应的董事会构成规则。其次,本书将能力嵌入分为两个部分:第一部分为独立董事综合能力嵌入,对独立董事的性别、年龄和学历指标进行综合评价,具体的计算方法可详见表 4-1;第二部分是独立董事专业能力嵌入,选取了政府类独立董事比例、支撑类独立董事比例和管理类独立董事比例作为衡量指标,每种类型的独立董事的背景的界定范围可详见表 4-2。最后,独立董事网络嵌入可由独立董事任职的企业数加总获得,本书选取了独立董事的总兼职数、最大兼职数和最小兼职数作为衡量网络嵌入效果的指标。

(2)因变量

衡量企业绩效和价值的指标有很多,以往的研究中采取了企业业绩作为研究的工具变量。国内外学者选择衡量企业绩效的指标也都不一致,但托宾 Q 值在研究企业业绩中的引用率最高。赵昌文等(2008)在研究家族企业中独立董事与企业价值的关系时选择托宾 Q 值作为研究指标。但是马连福等(2014)和高明华等(2002)都以每股收益(*EPS*)作为衡量企业业绩的指标。裘宗舜(2004)在研究独立董事的治理绩效时,以总资产收益率(*ROA*)作为衡量企业业绩的指标,并选取每股收益作为考察股东回报率的衡量指标。另外,王跃堂等(2008)在研究董事会独立性与股权制衡和财务信息质量之间的关系时选取了总资产收益率来衡量企业绩效,并用市净值和托宾 Q 值来测量企业绩效。因此,本书选择了三种不同的绩效衡量指标,分别是托宾 Q 值、总资产收益率和每股收益,其中托宾 Q 值用于衡量企业的市场价值,总资产收益率用于衡量企业的会计价值,每股收益用来衡量股东收益。

(3)控制变量

本书对企业规模进行了控制,Jensen(1993)等都认为,董事会规模越大，其效率越低，从而会影响对独立董事作用效果的判断。企业规模是指上市公司年度报告中披露的总资产，在实证检验过程中以公司总资产的常用对数作为董事会规模的操作变量。因此，本书选取了上市公司样本的总资产对数作为本书的控制变量。具体变量详见表 4-3。

表 4-3 变量一览表

变量类型	变量名			变量符号	度量方法
自变量	规则嵌入	独立董事人数		*Idn*	上市公司董事会中独立董事人数汇总
		独立董事比例		*Idr*	独立董事人数/董事总人数
	能力嵌入	独立董事综合能力嵌入		*Tabl*	分别给独立董事的性别、年龄和学历赋值，再根据计算公式得出
		独立董事专业能力嵌入	政府类独立董事比例	*Gov*	政府类独立董事人数/独立董事总人数
			支撑类独立董事比例	*Sp*	支撑类独立董事人数/独立董事总人数
			管理类独立董事比例	*Mgt*	管理类独立董事人数/独立董事总人数
	网络嵌入	总兼职数		*Tnet*	董事会中所有独立董事兼职数加总
		最大兼职数		Max*net*	单个独立董事最大兼职数
		最小兼职数		Min*net*	单个独立董事最小兼职数
因变量	企业绩效	总资产收益率		*ROA*	净利润/总资产余额
		每股收益		*EPS*	税后净利润/发行的总股数
		托宾 Q 值		*TQ*	(非流通股净资产＋年末流通市值＋负债总额)/年末总资产
控制变量	公司规模			ln*size*	上市公司总资产的自然对数

根据研究假设，本书建立了以下多元回归模型：

$$CP_{it}=\alpha_i+\beta_i X_{it}+\gamma_i Z_{it}+\varepsilon_{it} \qquad (4\text{-}1)$$

其中：i 代表不同的企业类型，0 代表民营企业，1 代表国有企业，2 代表全样本；t 代表年度；CP 代表企业绩效；X 代表自变量，包括独立董事规则嵌入、能力嵌入和网络嵌入三种嵌入方式；Z 代表控制变量。因此，可得出以下模型：

$$TQ_{0t}=\alpha_0+\beta_{01}Idn_{0t}+\beta_{02}Idr_{0t}+\beta_{03}Tabl_{0t}+\beta_{04}Gov_{0t}+\beta_{05}Sp_{0t}+\beta_{06}Mgt_{0t}+\beta_{07}Tnet_{0t}+\beta_{08}\mathrm{Max}net_{0t}+\beta_{09}\mathrm{Min}net_{0t}+\beta_{010}\ln size_{0t}+\varepsilon_{0t} \tag{4-2}$$

$$TQ_{1t}=\alpha_1+\beta_{11}Idn_{1t}+\beta_{12}Idr_{1t}+\beta_{13}Tabl_{1t}+\beta_{14}Gov_{1t}+\beta_{15}Sp_{1t}+\beta_{16}Mgt_{1t}+\beta_{17}Tnet_{1t}+\beta_{18}\mathrm{Max}net_{1t}+\beta_{19}\mathrm{Min}net_{1t}+\beta_{110}\ln size_{1t}+\varepsilon_{1t} \tag{4-3}$$

$$TQ_{2t}=\alpha_2+\beta_{21}Idn_{2t}+\beta_{22}Idr_{2t}+\beta_{23}Tabl_{2t}+\beta_{24}Gov_{2t}+\beta_{25}Sp_{2t}+\beta_{26}Mgt_{2t}+\beta_{27}Tnet_{2t}+\beta_{28}\mathrm{Max}net_{2t}+\beta_{29}\mathrm{Min}net_{1t}+\beta_{210}\ln size_{2t}+\varepsilon_{2t} \tag{4-4}$$

$$EPS_{0t}=\alpha_0+\beta_{01}Idn_{0t}+\beta_{02}Idr_{0t}+\beta_{03}Tabl_{0t}+\beta_{04}Gov_{0t}+\beta_{05}Sp_{0t}+\beta_{06}Mgt_{0t}+\beta_{07}Tnet_{0t}+\beta_{08}\mathrm{Max}net_{0t}+\beta_{09}\mathrm{Min}net_{0t}+\beta_{010}\ln size_{0t}+\varepsilon_{0t} \tag{4-5}$$

$$EPS_{1t}=\alpha_1+\beta_{11}Idn_{1t}+\beta_{12}Idr_{1t}+\beta_{13}Tabl_{1t}+\beta_{14}Gov_{1t}+\beta_{15}Sp_{1t}+\beta_{16}Mgt_{1t}+\beta_{17}Tnet_{1t}+\beta_{18}\mathrm{Max}net_{1t}+\beta_{19}\mathrm{Min}net_{1t}+\beta_{110}\ln size_{1t}+\varepsilon_{1t} \tag{4-6}$$

$$EPS_{2t}=\alpha_2+\beta_{21}Idn_{2t}+\beta_{22}Idr_{2t}+\beta_{23}Tabl_{2t}+\beta_{24}Gov_{2t}+\beta_{25}Sp_{2t}+\beta_{26}Mgt_{2t}+\beta_{27}Tnet_{2t}+\beta_{28}\mathrm{Max}net_{2t}+\beta_{29}\mathrm{Min}net_{2t}+\beta_{210}\ln size_{2t}+\varepsilon_{2t} \tag{4-7}$$

$$ROA_{0t}=\alpha_0+\beta_{01}Idn_{0t}+\beta_{02}Idr_{0t}+\beta_{03}Tabl_{0t}+\beta_{04}Gov_{0t}+\beta_{05}Sp_{0t}+\beta_{06}Mgt_{0t}+\beta_{07}Tnet_{0t}+\beta_{08}\mathrm{Max}net_{0t}+\beta_{09}\mathrm{Min}net_{0t}+\beta_{010}\ln size_{0t}+\varepsilon_{0t} \tag{4-8}$$

$$ROA_{1t}=\alpha_1+\beta_{11}Idn_{1t}+\beta_{12}Idr_{1t}+\beta_{13}Tabl_{1t}+\beta_{14}Gov_{1t}+\beta_{15}Sp_{1t}+\beta_{16}Mgt_{1t}+\beta_{17}Tnet_{1t}+\beta_{18}\mathrm{Max}net_{1t}+\beta_{19}\mathrm{Min}net_{1t}+\beta_{110}\ln size_{1t}+\varepsilon_{1t} \tag{4-9}$$

$$ROA_{2t}=\alpha_2+\beta_{21}Idn_{2t}+\beta_{22}Idr_{2t}+\beta_{23}Tabl_{2t}+\beta_{24}Gov_{2t}+\beta_{25}Sp_{2t}+\beta_{26}Mgt_{2t}+\beta_{27}Tnet_{2t}+\beta_{28}\mathrm{Max}net_{2t}+\beta_{29}\mathrm{Min}net_{2t}+\beta_{210}\ln size_{2t}+\varepsilon_{2t} \tag{4-10}$$

4.3.2 样本选取与数据来源

在完成变量设计后，为了保证数据的完整性和准确性，本书选取

2010—2013 年我国深沪两市 A 股上市公司作为研究样本,并根据研究目标,按照以下的标准对样本公司进行筛选。

①剔除在 A 股、B 股和 H 股同时上市的公司,因为该类公司面临的监管环境不同,对公司的相关要求便有所不同,不利于企业间的对比分析。

②剔除财务数据异常的 ST、* ST 公司。

③剔除金融类上市公司,因为金融类上市公司在会计制度上的标准与其他企业不同,不利于企业间的对比分析。

④剔除相关财务指标数据缺失的上市公司。

⑤剔除独立董事个人特征数据缺失的上市公司。

本书的数据主要由两部分构成:一部分是通过手工收集获取的第一手独立董事的特征数据;另一部分如企业财务数据等来源于国泰安 CSMAR 数据库、CCER 数据库。上市公司独立董事的个体特征数据[①]来自新浪财经(finance. sina. com. cn)、金融界(www. jrj. com. cn)和公司年报中公开披露的董事会高管信息。通过对样本的筛选,本次研究共获得 708 家上市公司的 4 年面板数据,共 2 832 个有效的观测值,其中 348 家国有企业、360 家民营企业。

① 本书选取独立董事的个体特征包括性别、年龄、学历、职业背景、兼职数,样本中学历和职业背景的数据缺失较多。本书采用数据的原则为只要其中一个数据缺失,就剔除该样本。

第5章 民营企业独立董事发挥价值的实证分析

5.1 描述性统计

本书用Stata10.0对主要变量进行描述性统计,具体结果见表5-1。我们通过对708家样本公司4年的与独立董事相关的信息及财务数据的统计整理,得出我国上市公司的独立董事的个体特征数据,具体结果见表5-1。

表5-1 样本变量描述性统计结果

变量	Obs	Mean	Std. Dev.	Min	Max
托宾Q值(*TQ*)	2 832	2.733 6	19.935 6	−7.669 3	955.415 8
每股收益(*EPS*)	2 832	0.351 6	0.647 6	−6.691	10.51
总资产收益率(*ROA*)	2 832	0.080 8	2.102 27	−8.462 6	108.366
独立董事比例(*Idr*)	2 832	0.625 7	0.078 4	0.2	0.875
独立董事人数(*Idn*)	2 832	3.586 9	1.108 8	1	10
独立董事综合能力嵌入(*Tabl*)	2 832	9.302 5	2.587 7	1.5	20.5
政府类独立董事比例(*Gov*)	2 832	0.137	0.191 1	0	1
支撑类独立董事比例(*Sp*)	2 832	0.380 8	0.281 8	0	1
管理类独立董事比例(*Mgt*)	2 832	0.489	0.286	0	1
总兼职数(*Tnet*)	2 832	9.276 7	5.013 3	2	47
最大兼职数(Max*net*)	2 832	3.257 4	1.407 9	1	9
最小兼职数(Min*net*)	2 832	1.388	0.636 4	1	6
公司规模(ln*size*)	2 832	8.249 54	10.716	2.079	28.934

以上描述性统计结果显示,独立董事人数的均值为3.586 9,说明在公司董事会中平均设置3个以上的独立董事。独立董事比例的均值为0.625 7,这一数据说明我国大部分上市公司在独立董事聘任方面遵守了《关于在上市公

司建立独立董事制度的指导意见》中的相关规定，该独立董事比例也充分体现了中国证券市场的政策刚性。在表 5-1 不同专业背景下的独立董事比例数据中我们可以发现，上市公司中管理类独立董事比例的均值为 0.489，接近 50%。该比例说明，国内的上市公司更愿意聘请高校教授或者企业中具有实际管理经验的管理人才。而政府类独立董事相比较之下具有较低的比例，均值仅为 0.137。支撑类独立董事比例的均值为 0.380 8，这可能是由于我国证监会对董事会构成中独立董事的背景有一定的要求，如上市公司董事会中起码要有 1 名具有会计背景的独立董事，从而更好地监督公司的运营。另外，从变量的描述性结果可知，独立董事总兼职数的均值为 9.276 7 家，说明独立董事在其他公司兼职工作的情况很普遍，但是兼职数多对企业来说是“福”是“祸”，学者们并未形成统一的说法。独立董事团队中个人的能力包括其声誉必然存在着优秀和一般的差别，声誉较好的独立董事在其他企业任职的概率也较大。表 5-1 显示，每家企业中独立董事的最大兼职数的平均值为 3.257 4，而最小兼职数的均值为 1.388，对这两类数据的对比说明，独立董事团队中每个人掌握的社会网络关系不同，但通过简单地描述统计无法获知独立董事兼职数的多少对企业绩效的影响，须通过进一步分析。上市公司规模的均值为 8.249 54，最大值为 28.934，最小值为 2.079。

5.2　相关分析

为避免变量间的多重共线性问题影响模型最终的结果，本书先对研究变量进行了 Pearson 相关分析的检验，得出的结果如表5-2所示。对相关性结果的分析过程，本书主要依据以下原则：①若两个自变量之间的 Pearson 相关系数在双尾 t 检验下的 1% 水平上显著且大于 0.5，则分别建立模型。②若控制变量和实验变量之间的 Pearson 相关系数在双尾 t 检验下的 1% 水平上显著且相关系数大于或接近 0.3，则剔除该控制变量。在遵循以上原则的基础上，本书对模型进行适当调整后，在一定程度上控制了变量间的多重共线性问题，使模型中各变量之间基本不存在多重共线性问题，从而确保各变量具有较高的解释力和可信度。

表 5-2 变量间的 Pearson 相关系数矩阵表

	TQ	*ROA*	*EPS*	*Idr*	*Idn*	*Mgt*	*Sp*	*Gov*	*Tabl*	*Tnet*	Min*net*	Max*net*	ln*size*
TQ	1												
ROA	0.211 3	1											
EPS	−0.065 6	0.824 1	1										
Idr	0.052 2	0.035 1	0.022 3	1									
Idn	−0.116 0	0.004 9	0.048 6	−0.408 3	1								
Mgt	0.015 7	0.012 5	0.038 4	0.014 9	0.040 5	1							
Sp	0.019 0	0.002 3	−0.044 7	0.029 4	−0.083 0	−0.760 1	1						
Gov	−0.019 9	−0.010 6	0.003 5	−0.090 0	0.122 5	−0.308 7	−0.297 2	1					
Tabl	0.004 8	0.072 9	0.087 5	0.023 0	−0.018 0	0.137 3	−0.095 4	−0.081 5	1				
Tnet	−0.144 1	−0.016 3	0.067 4	−0.074 3	0.218 5	0.004 4	0.039 0	−0.039 5	−0.051 6	1			
Min*net*	−0.001 3	−0.013 8	0.017 7	0.034 0	−0.076 9	0.074 4	−0.039 0	−0.066 4	0.055 1	0.320 7	1		
Max*net*	−0.090 0	−0.012 1	0.064 4	−0.015 2	0.786 0	0.017 6	0.019 4	−0.066 3	0.048 3	0.420 7	0.327 6	1	
ln*size*	−0.015 1	0.006 6	0.020 3	−0.055 8	0.144 6	0.035 3	−0.008 2	0.005 2	−0.151 2	0.306 9	−0.059 7	−0.041 3	1

由表5-2可知，各个解释变量之间的相关系数都未超过0.5，这表明本书中独立董事的三个嵌入模式之间并不存在严重的共线性问题。从表5-2中，我们还可以粗略地看出变量之间的正负相关关系，但是之前的研究对相关关系的处理过于简单，无法具体得知各变量间的关联程度，从而导致结果的可信度不高，进而影响对变量之间关系的判断。因此，为了提高变量及数据的可靠性和科学性，下文将对上述变量进行回归检验。

5.3　回归分析

本书采用Stata10.0对数据进行分析处理，在进行回归分析之前，需要先对面板数据进行Hausman检验，从而辨别固定效应模型和随机效应模型哪个更优。实验结果得出，三个模型的Prob值＞chi2值，且都小于0.05，拒绝了随机效应与固定效应的结果相同的假设，即随机效应模型并不适用，因此本书选择固定效应模型进行面板数据的回归检验。

5.3.1 企业中独立董事嵌入对托宾Q值的影响

本书选用托宾Q值来衡量企业的市场价值，并分别对全样本、国有企业样本和民营企业样本进行迭代回归，得到的结果如表5-3所示。

根据表5-3中的回归结果，首先从模型1规则嵌入方面分析，可知独立董事人数和比例在全样本和国有企业样本中均不显著，说明独立董事在规则嵌入过程中并未发挥应有的作用。究其原因，企业不同的独立董事任命方式将会对独立董事治理效果产生一定的影响。在国有企业中，独立董事是由国资委直接任命的，这种聘任方式可能会导致企业盲目满足政策要求而忽略企业的实际需求及对外部董事专业能力的要求，从而造成人员冗余、资源浪费和投入过高，进而影响绩效的提高。但是民营企业的数据结果有些不同，独立董事比例与托宾Q值之间呈现显著负相关关系，说明民营企业董事会中独立董事比例越大，企业托宾Q值越小。国内的民营企业有一些普遍的特征，比如大股东和总经理两职合一，在进行董事会决策会议中大多体现的是公司董事长的意志，但是引进独立董事以后，董事长在进行决策的过程中受到了监督，这增加了决策的阻力，影响了决策的及时性，从而不利于企业决策的制订，进而影响了企业的绩效。因此，出现了独立董事比例与企业绩效之间呈现显著负相关的结果。

其次，在模型 2 能力嵌入方面，政府类独立董事比例、支撑类独立董事比例、管理类独立董事比例和独立董事综合能力嵌入这四个指标变量在全样本、国有企业样本和民营企业样本中与企业绩效之间都不显著相关。这个结果说明，独立董事能力嵌入企业内部网络时对企业价值提升并未产生任何促进作用。而独立董事之所以未能将个人能力很好地嵌入履职企业中，一部分原因是独立董事在初次履职时或刚进入履职企业时，往往不了解自己要通过怎样的行为或方式来实现自身的价值，而且不清楚什么是尽责履职的行为标准，从而造成未能将其个人工作角色与职责相匹配，导致出现工作角色“混淆”的情况。另外，习惯于企业内部控制的上市公司在经营过程中必然不希望独立董事发表与公司决策相悖的意见，但是独立董事的工作内容和专业性往往使其与大股东之间产生认识上的冲突和分歧，从而造成工作冲突。在这种角色混淆和冲突下，独立董事制度的价值难以得到体现，导致支撑类独立董事不能很好地起到监督及专业指导的作用，管理类和政府类独立董事未能发挥专业咨询的职能，从而让独立董事综合能力和专业能力无法得到有效的发挥。

再次，在模型 3 网络嵌入方面，独立董事总兼职数、最大兼职数和最小兼职数在全样本和国有企业样本中与托宾 Q 值之间都不显著相关，但是在民营企业样本中对托宾 Q 值起到了正向促进作用。这说明，在国有企业样本中，独立董事并未有效地发挥“桥梁”的作用，不能联结企业内外部社会网络资源，“结构洞”的作用不显著。在民营企业样本中，独立董事的最大兼职数与托宾 Q 值之间呈显著相关关系，但是独立董事总兼职数和最小兼职数与托宾 Q 值之间都没有显示出显著相关性。这说明，在民营企业中，对绩效影响较大的是独立董事个人社会资本的积累。因为相对于独立董事团队对企业绩效提高产生的促进作用来说，独立董事的薪酬支出产生的负担更大，独立董事并不是以多取胜，个人能力对企业来说更具有价值。比如，个人能力较为突出的独立董事通过在多家企业中任职，充分利用在多家企业任职时所获得的资源和网络，为履职企业带来有价值的资源。但是在独立董事团队中不乏“挂名董事”，其拖累了整个团队的工作效率，进而影响独立董事整个团队咨询和监督职能的发挥。本

表 5-3 不同类型企业独立董事嵌入与托宾 Q 值的回归结果

	TQ(全样本)				TQ(国有企业)				TQ(民营企业)			
	模型 1	模型 2	模型 3	模型 4	模型 1	模型 2	模型 3	模型 4	模型 1	模型 2	模型 3	模型 4
Idr	−13.35			−13.33	−6.193			−6.083	−18.47***			−18.09***
	(−3.82)	(−1.63)			(−1.63)	(−0.36)			(−0.35)	(−3.92)		
Idn	−0.730			−0.918	−0.971			−1.411	−0.465			−0.475
	(−1.24)	(−1.27)			(−1.46)	(−0.86)			(−1.12)	(−1.32)		
Mgt		−4.882		−6.026		−13.07		−15.78		−10.05		−8.693
		(0.27)		(0.33)		(0.40)		(0.48)		(−0.76)		(−0.66)
Sp		−1.57		−2.780		−5.426		−8.015		−10.06		−9.294
		(−0.09)		(−0.15)		(−0.17)		(−0.25)		(−0.74)		(−0.68)
Gov		−14.23		−15.62		−30.74		−33.39		−9.120		−7.822
		(0.79)		(0.86)		(0.97)		(1.04)		(−0.70)		(−0.60)
Tabl		0.09		0.080 0		0.015 3		0.003 80		0.145		0.103
		(0.37)		(0.32)		(0.03)		(−0.01)		(0.91)		(0.65)
Tnet			−0.012 6	0.079 2			0.058 6	0.216			−0.0716	−0.054 5
			(−0.06)	(0.32)			(0.14)	(0.46)			(−0.47)	(−0.34)
Min*net*			−0.324	−0.312			−0.177	−0.361			−0.321	−0.249
			(−0.22)	(−0.21)			(−0.06)	(−0.13)			(−0.34)	(−0.26)

续 表

	TQ(全样本)				*TQ*(国有企业)				*TQ*(民营企业)			
	模型 1	模型 2	模型 3	模型 4	模型 1	模型 2	模型 3	模型 4	模型 1	模型 2	模型 3	模型 4
Max*net*			0.587	0.515			0.303	0.056 3			0.865*	0.753
			(0.74)	(0.64)			(0.21)	(0.14)			(1.66)	(1.43)
ln*size*	−2.787***	−2.823***	−2.912***	−2.814***	−4.489***	−1.621***	−4.707***	−4.358***	−1.605***	−1.548***	−1.653***	−1.621***
	(−4.61)	(−4.73)	(−4.81)	(−4.61)	(−3.55)	(−3.56)	(−3.71)	(−3.40)	(−4.56)	(−4.43)	(−4.68)	(−4.52)
Constant	36.70***	20.22	25.41	28.72	52.27***	31.70	45.59***	35.34	27.31***	22.37*	12.73***	33.51**
	(4.70)	(1.07)	4.56	(1.43)	(3.00)	(0.92)	(3.61)	(0.96)	(6.37)	(0.094)	(4.20)	(2.39)
Observations	2 832	1 392	1 440	2 832	1 392	1 392	1 392	1 392	1 440	1 440	1 440	1 440
Number of *ec*	708	708	708	708	348	348	348	348	360	360	360	360
R-squared	0.001 2	0.013	0.011	0.015	0.014	0.018	0.013	0.019	0.033	0.020	0.022	0.036

注：括号内为标准差，*** 表示 $p<0.01$，** 表示 $p<0.05$，* 表示 $p<0.1$。

书通过对国有企业和民营企业在网络嵌入中的效果的对比，更进一步地说明了国有企业在任命独立董事的过程中存在问题，从而造成了独立董事对国有企业的治理效果不显著。

然后，在模型 4 的全样本与国有企业样本中，独立董事人数、独立董事比例、政府类独立董事比例、支撑类独立董事比例、管理类独立董事比例、独立董事综合能力嵌入、独立董事总兼职数、独立董事最大兼职数和独立董事最小兼职数与托宾 Q 值之间都不显著相关。这说明了，全样本和国有企业样本中三种嵌入方式并未达到预期的效果，独立董事的治理效果完全不显著，没有发挥应有的作用。在民营企业样本中，只有独立董事规则嵌入显示出了显著相关性，这说明独立董事比例越高，企业绩效越差。正如上文中所描述的，这是民营企业特殊的公司治理结构所造成的，独立董事的加入在一定程度上影响了董事会的决策进程，从而对企业绩效产生了负面的影响。

最后，将民营企业样本中模型 3 和模型 4 的最大兼职数这一变量的回归结果进行横向对比可以发现，当把独立董事网络嵌入这一变量与其个人能力和独立董事人数、比例相结合比较时，独立董事最大兼职数与托宾 Q 值之间的相关关系便弱化了。这个结果一方面说明了独立董事网络嵌入作用的发挥需要结合其个人能力共同作用；另一方面说明了需要控制好独立董事的规模，聘任与公司规模相适应数量的独立董事。总的来说，将独立董事所掌握的资源和个人能力割裂开来是无意义的，而且也无法很好地展现出独立董事最真实的作用。

5.3.2 独立董事嵌入对企业每股收益的影响

本书选用每股收益来衡量股东收益，并分别对全样本、国有企业样本和民营企业样本进行迭代回归，得到的结果如表 5-4所示。

表 5-4 不同类型企业独立董事嵌入与每股收益的回归结果

	EPS(全样本)				*EPS*(国有企业)				*EPS*(民营企业)			
	模型 1	模型 2	模型 3	模型 4	模型 1	模型 2	模型 3	模型 4	模型 1	模型 2	模型 3	模型 4
Idr	−0.173			−0.199	−0.102			−0.036 4	−0.224			−0.220
	(−0.85)			(−0.98)	(−0.28)			(0.26)	(−0.98)			(−1.02)
Idn	−0.008 50			−0.044 1	−0.042 7*			−0.098 3**	−0.024 0			−0.003 37
	(−0.59)			(−0.55)	(−1.83)			(−1.11)	(−1.40)			(−1.24)
Mgt		−1.330***		−1.296***		−0.662		−0.593		−2.745***		−2.660***
		(−2.90)		(−2.82)		(−0.99)		(−0.76)		(−4.35)		(−4.22)
Sp		−1.188***		−1.150**		−0.322		−0.244		−2.888***		−2.802***
		−(2.59)		(−2.50)		(−0.49)		(−0.29)		(−4.45)		(−4.34)
Gov		−1.447***		−1.406***		−0.891		−0.790		−2.804***		−2.741***
		(−3.22)		(−3.11)		(−1.36)		(−1.10)		(−4.05)		(−4.41)
Tabl		0.0160**		0.0159**		0.019 0*		0.017 3*		0.014 0*		0.014 9*
		(2.55)		(2.52)		(1.89)		(1.75)		(1.83)		(1.91)
Tnet			0.007 67	0.018 1*			−0.014 8*	0.026 9			0.001 17	0.013 0
			(−1.34)	(0.010 8)			(−1.70)	(−0.72)			(0.16)	(0.07)
Min*net*			−0.011 7	−0.021 2			−0.009 66	−0.004 43			−0.035 0	−0.032 0
			(−0.32)	(−0.39)			(−0.17)	(−0.0587)			(−0.76)	(−0.56)

续　表

	EPS(全样本)				*EPS*(国有企业)				*EPS*(民营企业)			
	模型 1	模型 2	模型 3	模型 4	模型 1	模型 2	模型 3	模型 4	模型 1	模型 2	模型 3	模型 4
Max*net*			0.015 1	0.002 17			0.014 8	0.003 87			0.011 3	0.002 20
			(0.77)	(0.52)			(0.49)	(0.49)			(0.45)	(0.13)
ln*size*	−0.016 5	−0.016 2	−0.016 9	−0.013 4	−0.029 1	−0.038 5	−0.030 9	−0.032 1	−0.009 78	0.003 76	−0.008 01	−0.002 35
	(−1.09)	(−1.09)	(−1.12)	(−1.18)	(−3.55)	(−1.48)	(−1.17)	(−1.11)	(−0.57)	(0.23)	(−0.47)	(−0.04)
Constant	0.409**	1.638***	0.529***	1.488***	0.759**	1.149	0.769***	1.189	0.155	2.980***	0.368**	2.966***
	(2.10)	(3.48)	(3.81)	(2.98)	(3.00)	(1.16)	(2.94)	(1.30)	(0.74)	(4.67)	(2.51)	(4.07)
Observations	2 832	2 832	2 832	2 832	1 392	1 392	1 392	1 392	1 440	1 440	1 440	1 440
Number of *ec*	708	708	708	708	348	348	348	348	360	360	360	360
R-squared	0.002	0.010	0.002	0.011	0.007	0.012	0.005	0.016	0.002	0.022	0.001	0.024

注：括号内为标准差，*** 表示 $p<0.01$，** 表示 $p<0.05$，* 表示 $p<0.1$。

如表 5-4 所示，在规则嵌入模型中，独立董事人数和比例在全样本、民营企业样本中与每股收益之间并不显著相关。这说明独立董事的引入对民营企业的盈利能力并没有显著作用，独立董事在规则嵌入过程中并没有很好地发挥自身的顾问咨询或者监督职能。而在国有企业样本中，独立董事人数与企业每股收益显示出了显著的负相关关系。一方面，从薪酬角度来说，国有企业在聘任独立董事的过程中，并未结合企业自身真实的需求，过分追求"行业专家"，这在一定程度上增加了国有企业的成本，降低了企业的净利润，因而出现了独立董事人数与企业每股收益呈负相关的结果。另一方面，独立董事人数越多，可能越容易产生群体思维倾向，缩小了公司在战略决策中的创新空间，不利于企业成长。结合表 5-3 可以看出，独立董事人数与企业绩效并无相关关系，但企业因独立董事人数的增多让成本增加进而降低了企业净收益，影响了股东的每股收益。这个结论揭示了国有企业中的独立董事对企业贡献不大，没有很好地发挥应有的作用，独立董事制度的价值受到质疑。因此，国有企业应在规定的范围内适当控制董事会中独立董事的人数和比例，降低高管薪酬，减少费用的支出。

从能力嵌入模型中的专业能力角度分析，管理类独立董事比例、支撑类独立董事比例和政府类独立董事比例与全样本和民营企业样本中的每股收益呈显著负相关关系，与国有企业每股收益之间并无显著相关性。同样从薪酬角度考虑，即"行业专家"相比普通的独立董事而言享有较高的声誉，企业须为其声誉付出更高的成本，即为有专业背景的独立董事提供更高的薪酬，能力越强，薪酬自然也越高。然而从表 5-4 中还可以看出，独立董事各类专业背景并未给企业带来经营绩效上的提高。总的来说，独立董事专业背景的嵌入不但不能为企业起到监督和顾问咨询的作用，反倒给企业带来了经营上的经济压力，弱化了企业收益能力，降低了企业的股东收益。

从能力嵌入模型中的综合能力角度分析，独立董事综合能力嵌入与全样本、国有企业样本和民营企业样本的每股收益呈显著正相关关系。这个现象说明独立董事自身的素质对企业每股收益更为重要，性别、年龄和学历的综合作用对企业来说更有价值。同时，综合素质较高的独立董事属于"能人"，并非某个行业的"专家"，也并非立足于专家。该类独立董事充分利用自身的能力为企业提供需要的资源,从而提高了企业每股收益。尽管独立董事的薪酬增加了成本,但是独立董事的综合能力为企业带来的收益远远超过了增加的成本,因而在最终的数据结果中显示出了显著的正向作用,体现了独立董事应有的价值。

在网络嵌入模型中,国有企业样本中独立董事的总兼职数与企业每股收益呈显著负相关关系。这说明在国有企业中,独立董事团队所掌握的企业网络资源越多,越弱化企业在经营过程中的获利能力。究其原因,一方面,由于独立董事总兼职数越多,掌握的企业资源越丰富,他们的声誉机制越好,国有企业需要为之支付的薪酬越高,也就意味着成本越高,这样不利于企业的每股收益的提升。另一方面,独立董事的兼职数越多,所花费的精力越分散,越难以保证他们能有充足的时间和精力嵌入履职企业内部获取所需的资源。因此造成的结果是,其精力分散,无法为履职企业履行最基本的义务,从而减弱了独立董事制度的治理效果。但是在全样本和民营企业样本中结果并不显著。另外,在全样本、民营企业样本和国有企业样本中,独立董事最大兼职数和最小兼职数与企业每股收益之间没有显著相关关系,说明独立董事对个人社会网络资源和社会资本的掌握程度对股东收益的提高并没有显著的促进作用。

模型4是独立董事的规则嵌入、能力嵌入和网络嵌入三种嵌入方式共同作用于企业得出的结果,但回归数据显示出该模型中的结果与其他模型的结果没有太大的出入。在独立董事规则嵌入中,国有企业的独立董事人数与企业每股收益呈显著负相关关系,在全样本和民营企业样本中没有相关关系;独立董事的专业能力在全样本和民营企业样本中与企业样本每股收益呈现显著负相关关系;独立董事的综合能力在全样本、国有企业样本和民营企业样本中与企业每股收益呈现显著正相关关系。跟上文中的结果有较大出入的主要是在独立董事网络嵌入方面。在网络嵌入模型中,民营企业样本中独立董事总兼职数对企业每股收益并无显著作用,但在综合模型中,全样本中独立董事总兼职数与企业每股收益之间有显著正相关关系。该结果说明了两点重要结论:第一,独立董事兼职数越多,所掌握的企业网络资源越丰富,越能为企业带来有价值的资源。第二,当独立董事拥有的社会网络资源和社会资本与企业内独立董事合理的人员配置、专业的能力支撑有机结合时,独立董事总兼职数即网络资源就能发挥最大效果，企业的股东收益就能得到明显的提高。而且，对国有企业的分析结果恰恰论证了这一观点。若仅从网络嵌入视角出发，国有企业样本的独立董事总兼职数与企业每股收益呈显著负相关关系，但是当独立董事的规则嵌入、能力嵌入和网络嵌入共同作用于国有企业时，独立董事总兼职数对企业每股收益的抑制作用就被弱化了。

5.3.3 独立董事嵌入对企业总资产收益率的影响

本书选用总资产收益率来衡量企业的会计价值，并分别对全样本、国有企业样本和民营企业样本进行迭代回归，得到的结果如表5-5所示。表5-5 中的回归结果与表 5-3 中的结果基本一致。

首先，在规则嵌入过程中，独立董事人数与比例在全样本、国有企业样本中都未显示出显著促进企业价值提高的作用，只有在民营企业样本中体现出显著的负效应，这说明独立董事在董事会中占的比例越大，民营企业的价值就越小。究其原因，一方面是民营企业的经营方式还未适应当前上市公司治理结构的规定，独立董事制度的引进反而影响了董事会决策机制的效率。在企业经营过程中讲究的是效率和时机，但是在引入独立董事制度后，董事会会议及决策都逐步正规化，这延长了决策的时间，降低了效率，对企业来说有可能会错过决策最佳时期，不能以速度取胜，而最终出现了独立董事人数越多，民营企业的总资产收益率越差的情况。另一方面，独立董事的引进使得公司增加了投入，而在企业资源大量投入下却没有得到相应的产出，便出现了相悖的关系。

其次，在能力嵌入过程中，独立董事综合能力和专业能力在全样本、国有企业样本和民营企业样本中与总资产收益率都没有体现出显著的相关性，这说明独立董事的专长和能力对企业价值的提升并没有显著的作用，即独立董事在履职过程中未能充分结合自身的能力和专长为企业提供专业的意见及发挥监督的职能。另外，对国内企业来说，在后危机时代，外界对企业的冲击力比董事会中独立董事的促进作用大得多，这也可能是独立董事制度治理效果不好的原因之一。

表 5-5　不同类型企业独立董事嵌入与总资产收益率的回归结果

	ROA(全样本)				*ROA*（国有企业）				*ROA*（民营企业）			
	模型 1	模型 2	模型 3	模型 4	模型 1	模型 2	模型 3	模型 4	模型 1	模型 2	模型 3	模型 4
Idr	−0.685			−0.696	−0.809			−0.740	−0.541***			−0.548***
	(−0.77)			(−0.75)	(−0.41)			(−0.39)	(−2.76)			(−2.73)
Idn	−0.0536			−0.047 0	−0.082 6			−0.061 0	−0.019 8			−0.023 2
	(−0.86)			(−0.14)	(−0.65)			(−0.17)	(−1.35)			(−0.60)
Mgt		−0.197		−0.052 6		−0.318		−1.105		−0.113		−0.334
		(−0.30)		(−0.26)		(−0.23)		(−0.25)		(−0.72)		(−0.56)
Sp		−0.069 9		−0.324		−0.139		−0.595		−0.057 4		−0.304
		(−0.10)		(−0.06)		(−0.10)		(0.11)		(−0.35)		(−0.25)
Gov		0		−0.252		0		−1.120		0		−0.225
		(0)		(0.974)		(0)		(0.620)		(0)		(0.543)
Tabl		0.005 01		0.007 85		0.005 55		0.010 2		0.005 13		0.006 82
		(0.18)		(0.23)		(0.10)		(0.14)		(0.78)		(0.97)
Tnet			0.014 6	0.002 04			0.020 9	0.016 9			0.003 03	0.003 09
			(0.63)	(0.32)			(0. 47)	(0.0533)			(0.52)	(0.21)
Min*net*			−0.060 0	−0.055 9			−0.102	−0.088 8			−0.008 83	−0.010 4
			(−0.37)	(−0.38)			(−0.32)	(−0.310)			(−0.22)	(−0.19)

续 表

	ROA(全样本)				*ROA*(国有企业)				*ROA*(民营企业)			
	模型 1	模型 2	模型 3	模型 4	模型 1	模型 2	模型 3	模型 4	模型 1	模型 2	模型 3	模型 4
Max*net*			0.028 7	0.032 0			0.072 0	0.064 9			0.018 2	0.012 1
			(0.38)	(0.41)			(0.48)	(0.51)			(0.98)	(0.88)
ln*size*	−0.290***	−0.282***	−0.295***	−0.292***	−0.734***	−0.721***	−0.740***	−0.745***	0.026 4*	0.028 4**	0.027 7*	0.030 2**
	(−4.42)	(−4.36)	(−4.46)	(−4.42)	(−5.14)	(−5.10)	(−5.17)	(−5.13)	(1.81)	(1.97)	(1.86)	(1.39)
Constant	2.539***	2.216**	2.386***	1.582	6.982***	6.563***	6.776***	6.979*	−0.012 0	−0.302	−0.130	−0.297
	(4.28)	(2.34)	(3.94)	(2.29)	(4.88)	(3.15)	(4.75)	(2.93)	(−0.10)	(−1.43)	(−1.03)	(−0.52)
Observations	2 832	2 832	2 832	2 832	1 392	1 392	1 392	1 392	1 440	1 440	1 440	1 440
Number of *ec*	708	708	708	708	348	348	348	348	360	360	360	360
R-squared	0.009	0.009	0.009	0.010	0.025	0.025	0.025	0.025	0.010	0.005	0.004	0.012

注：标号内为标准差，*** 表示 $p<0.01$，** 表示 $p<0.05$，* 表示 $p<0.1$。

再次，在网络嵌入过程中，独立董事的网络嵌入在全样本、国有企业样本和民营企业样本中与总资产收益率同样没有体现出显著的相关性，即独立董事总兼职数、最大兼职数及最小兼职数对企业总资产收益率都未表现出任何促进或抑制作用。这说明，独立董事在企业网络中，没有充分发挥“桥梁”的作用，未能通过自身拥有的资源为企业带来价值的提升。这一结果证明了，独立董事的兼职数并不会显著地影响企业绩效，即虽然独立董事具有较好的声誉，受到多家公司的任命，但是对企业并没有发挥其应有的作用。

最后，综合模型4中的回归结果与其他三个模型的结果相比并没有发生变化，当独立董事规则嵌入、能力嵌入及网络嵌入共同作用于企业总资产收益率时，结果不显著。这说明：一方面，在国内上市公司中，独立董事制度并未真正发挥作用，独立董事并未很好地将自身所拥有的资源嵌入为履职企业服务；另一方面，企业也还未适应规范的董事会结构和公司治理流程，这影响了独立董事制度作用的发挥。

5.3.4 稳健性检验

为保证结果的稳健性，本书从以下几个方面对结论进行稳健性检验：①应用方法方面。本书根据四年的面板数据对模型进行估计，分别对数据做了固定效应及随机效应检验，得到了一致的结果。②数据统计方面。本书对独立董事综合能力评分过程进行稳健性检验，对不同字段设置了不同的赋值，同比增加性别和年龄的赋值，最终得到的实证结果无明显差异。③本书对独立董事兼职数总量取平均值，得到独立董事平均兼职数，检验平均兼职数与企业绩效之间的关系，得到的实证结果也基本一致。④使用净资产收益率（*ROE*）来代替总资产收益率，结论基本不变。⑤加入第一大股东控股比例作为控制变量，得到的实证结果无明显差异。

5.4 实证结论

本书对708家上市公司4年的面板数据进行了研究，解析了独立董事嵌入履职企业的内在过程，并将独立董事嵌入划分为规则嵌入、能力嵌入和网络嵌入3种嵌入模式，并分析了每种嵌入模式对企业价值和收益产生的影响。进而按照企业类型将企业样本分为全样本、国有企业样本和民营企业样本，分析独立董事嵌入对全样本、国有企业样本和民营企业样本是否会产生不同的影响。

首先，对独立董事规则嵌入模型进行分析，回归结果表明，民营企业样本中，独立董事比例对企业每股收益的影响并不显著，但与托宾 Q 值和总资产收益率都呈显著负相关关系，这说明独立董事比例越高，企业价值越低，绩效越差。这可能是由于国内民营企业特殊的公司治理结构还未适应规范化的上市公司董事会运行机制，出现独立董事工作角色混淆、冲突的现象，进而弱化了独立董事制度所应发挥的作用，即独立董事的引入抑制了企业价值的提升。而在国有企业样本中，独立董事比例与托宾 Q 值、总资产收益率和每股收益之间的关系都不显著。因此，H1 和 H1a 未得到证实，H1b 部分得到相悖的结论。另外，独立董事人数只有在国有企业样本中与每股收益之间表现出负相关关系，与全样本和民营企业样本的每股收益之间都不相关，并且对企业的托宾 Q 值及总资产收益率也没有促进或抑制的作用。因此，只得出了与 H2a 部分相悖的结论，H2 和 H2b 都未得到证实。

其次，在研究独立董事能力嵌入与企业绩效之间的关系中，本书得出以下结论：在全样本中，独立董事综合能力与企业每股收益呈正相关关系，说明独立董事凭借个人优秀的能力为企业每股收益的提高起到了促进作用，提高了企业经营绩效。但是独立董事综合能力与托宾 Q 值和总资产收益率之间并没有显著的相关关系。通过进一步研究，我们发现，不论在国有企业样本还是在民营企业样本中都得出与上述在全样本中同样的结果。综上所述，H3，H3a 和 H3b 都得到了部分的证实。另外，政府类独立董事在全样本和民营企业样本中与企业的每股收益呈显著负相关关系，与国有企业样本中的每股收益无显著相关性。在衡量企业市场价值的托宾 Q 值和总资产收益率财务指标中，无论是国有企业样本或者是民营企业样本，政府类独立董事与它们都无显著相关关系。因此，H4 和 H4b 得到了部分相悖的验证，但是 H4a 不成立。同时，表 5-3、表 5-4 和表 5-5 的结果显示，支撑类独立董事和管理类独立董事与企业绩效之间的实证结果与政府类独立董事的实证结果一致，与全样本和民营企业样本的每股收益呈显著负相关关系，而其他两类财务指标与全样本、国有企业样本、民营企业样本的绩效之间都没有显著相关性。因此，假设 H5，H5b，H6 和 H6b 得到了部分相悖的验证，但是假设 H5a 和 H6a 未得到证实。

最后，在综合嵌入模型中，独立董事总兼职数与全样本中的每股收益呈显著正相关关系，说明独立董事在企业中兼职数越多，企业的每股收益越好。然而将全样本分类为国有企业样本和民营企业样本进行分析时，独立董事总兼职数与企业的每股收益之间并不呈现显著关系。而且，独立董事总兼职数与托宾 Q 值和总资产收益率之间并没有显著相关关系，说明无论在国有企业或者民营企业样本中，独立董事总兼职数都不会对企业价值起到任何促进作用。因此，H7 得到了部分验证，H7a 和 H7b 并未得到证实。独立董事最大兼职数在全样本、国有企业样本、民营企业样本中与三类财务指标之间都没有显著相关关系，说明独立董事最大兼职数对企业绩效的提高并没有发挥出促进的作用。然而当本书通过进一步研究，去除独立董事规则嵌入和能力嵌入变量的干扰，单独研究独立董事最大兼职数对企业绩效的影响时发现，独立董事最大兼职数与企业托宾 Q 值之间呈现正相关关系。这个检验结果说明了，独立董事最大兼职数之所以没有对企业绩效产生影响，部分原因可能是独立董事自身专业能力并未发挥作用或者并未有效嵌入企业内部网络中。因此，对所有企业来说，在聘任独立董事时应综合评价独立董事的个人能力素质及所掌握的网络资源才有意义。总的来说，H8，H8a 和 H8b 都没有得到证实。本书在研究独立董事最小兼职数在企业中的作用时发现，独立董事最小兼职数在全样本、国有企业样本和民营企业样本中与三类财务指标之间都没有显著的相关关系，说明企业中网络资源最不足的独立董事并不会给企业的绩效带来抑制作用。因此，H9，H9a 和 H9b 都未得到证实，具体情况见表 5-6。

表 5-6 假设检验结果汇总

假设编号	研究假设	检验结果
H1	独立董事在董事会中比例越大，对企业绩效提高的促进作用越大	未证实
H1a	独立董事比例越大，对国有企业绩效提高的促进作用越大	未证实
H1b	独立董事比例越大，对民营企业绩效提高的促进作用越大	部分相悖：与 *TQ* 和 *ROA* 显著负相关

续 表

假设编号	研究假设	检验结果
H2	独立董事在董事会中所占人数越多，对企业绩效提高的促进作用越大	未证实
H2a	独立董事人数越多，对国有企业绩效提高的促进作用越大	部分相悖，与 *EPS* 显著负相关
H2b	独立董事人数越多，对民营企业绩效提高的促进作用越大	未证实
H3	独立董事综合能力与企业绩效呈正相关关系，即独立董事综合能力越强，越能促进企业绩效的提高	部分证实
H3a	独立董事综合能力与国有企业绩效呈正相关关系，即独立董事综合能力越强，越能促进国有企业绩效的提高	部分证实
H3b	独立董事综合能力与民营企业绩效呈正相关关系，即独立董事综合能力越强，越能促进民营企业绩效的提高	部分证实
H4	政府类独立董事人数占董事会总人数的比例越高，越能促进企业绩效的提高，企业价值也越高	部分相悖，与 *EPS* 显著负相关
H4a	政府类独立董事人数占董事会总人数的比例越高，越能促进国有企业绩效的提高，国有企业价值也越高	未证实
H4b	政府类独立董事人数占董事会总人数的比例越高，越能促进民营企业绩效的提高，民营企业价值也越高	部分相悖，与 *EPS* 显著负相关
H5	支撑类独立董事人数占董事会总人数的比例越高，越能促进企业绩效的提高，企业价值也越高	部分相悖，与 *EPS* 显著负相关
H5a	支撑类独立董事人数占董事会总人数的比例越高，越能促进国有企业绩效的提高，国有企业价值也越高	未证实
H5b	支撑类独立董事人数占董事会总人数的比例越高，越能促进民营企业绩效的提高，民营企业价值也越高	部分相悖，与 *EPS* 显著负相关
H6	管理类独立董事人数占董事会总人数的比例越高，越能促进企业绩效的提高，企业价值也越高	部分相悖，与 *EPS* 显著负相关

续　表

假设编号	研究假设	检验结果
H6a	管理类独立董事人数占董事会总人数的比例越高，越能促进国有企业绩效的提高，国有企业价值也越高	未证实
H6b	管理类独立董事人数占董事会总人数的比例越高，越能促进民营企业绩效的提高，民营企业价值也越高	部分相悖，与 *EPS* 显著负相关
H7	独立董事在上市公司中兼职数越多，其履职企业的绩效越好	部分证实
H7a	国有企业中的独立董事兼职数越多，其履职企业的绩效越好	未证实
H7b	民营企业中的独立董事兼职数越多，其履职企业的绩效越好	未证实
H8	独立董事的最大兼职数越大，其履职企业的绩效越好	未证实
H8a	国有企业中的独立董事的最大兼职数越大，其履职企业的绩效越好	未证实
H8b	民营企业中的独立董事的最大兼职数越大，其履职企业的绩效越好	未证实
H9	独立董事的最小兼职数越小，其履职企业的绩效越差	未证实
H9a	国有企业中的独立董事的最小兼职数越小，其履职企业的绩效越差	未证实
H9b	民营企业中的独立董事的最小兼职数越小，其履职企业的绩效越差	未证实

通过对独立董事规则嵌入、能力嵌入和网络嵌入的实证研究，本书发现，独立董事价值有效发挥须在规则嵌入的基础上，同时具有能力嵌入和网络嵌入，并且只在综合评价独立董事的个人专业能力素养和所具有的资源优势时才能发挥独立董事的特有价值。因此，为有效构建独立董事价值评估体系，不仅要考虑单一方面的影响因素，而且要考虑综合效应，以避免出现“一叶障目”的误区。

第6章　独立董事价值评估体系的一般框架研究

6.1　独立董事发挥价值的内部机理分析

独立董事制度在企业内部的运转是一个包含诸多方面复杂信息的集合过程。为了厘清独立董事价值实现的全过程，一个有效的分析方式是将独立董事抽象为一份工作，把工作的承担者——独立董事群体看作企业特殊的员工。借鉴成熟的组织行为学理论，员工工作价值实现的过程指的是行为主体在制度设计的行为规范和营造的工作环境中，通过自身的工作意愿和工作能力提高工作绩效的过程，而该绩效会对企业发展产生影响。同样地，作为特殊的企业员工，独立董事如何在现有治理制度框架中实现其价值也需要考虑三个层次的问题：第一，公司治理的内部制度框架有没有为独立董事设计合理的行为边界，有没有为其营造加强工作意愿的内部治理环境，客观的内部制度结构可不可以保障独立董事价值的实现；第二，制度需要人来履行，独立董事价值的传导需要通过独立董事的一系列主观行为来实现，因此需要明确独立董事本身愿不愿意并且能不能够发挥其价值效力；第三，从治理效果中观察独立董事有没有发挥其价值，有没有“对症下药”。对于这三个层次问题的思考就是在公司治理领域植入产业组织理论中的SCP分析框架，探索“制度结构—行为特征—治理效果”分析框架下的独立董事在企业内部的价值实现的过程。也就是说，独立董事在企业内部发挥价值的过程开始于合理的内部制度结构，通过独立董事的主观行为来传导，再在绩效表现中显现出来。现有的研究判断独立董事是否实现了其价值的标准来源于独立董事的某一静态特征或具体行为与企业发展指标的关系，忽略了一些混淆因素对结果变量的影响，比如如下的情景：A企业的独立董事毫无作为，连董事会会议都缺席，A企业由于在房地产全盛时期投资了房地产业务，企业发展指标一路高涨，按照传统的独立董事的价值衡量标准，结论很有可能是独立董事实现了其价值。但是经过SCP框架的价值评估体系的衡量，其行为指数很低，企业绩效的提高一定不是独立董事治理行为引起的。只有在三个指数综合的情况下我们才能较为科学地判断独立董事的价值实现程度。SCP主线上的任何一个环节出现了问题，都会妨碍独立董事价值的实现。同时，任何对企业内部的治理行为都不能忽略外部环境所带来的影响，因此需要关注外部环境要素的影响。具体情况见图6-1。

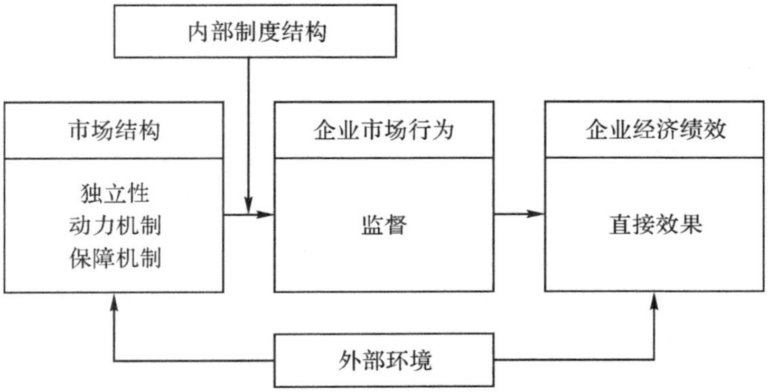

图6-1 SCP框架下独立董事如何发挥价值的内部机理分析

(1)内部制度结构是独立董事实现其价值的基础

内部制度结构包括股权结构、董事会结构及独立董事制度。独立董事制度的设计，是影响独立董事行为最直接的因素。虽然独立董事制度的执行主体之间是异质的，其行为模式和治理效果也是大相径庭的，但是其具体行为必须符合法律的规定，也就是这种行为差异是限定在一个同质框架下的。因此，合理、科学的行为边界设计是发挥独立董事价值的第一步，合理的制度设计是发挥独立董事价值的基础保障。有效的独立董事治理机制至少应当包括独立董事的独立性、动力机制和保障机制三个方面的内容。所谓独立性是指独立董事在行使职权时，在不受被监督对象影响的情况下独立地对有关问题做出判断。以独立性为前提，独立董事制度才可能有效。独立董事也需要激励和约束，动力机制是独立董事积极参与公司治理的动力支持，是保持独立董事独立性的重要因素，也是有能力的独立董事认真履行职责的保证。保障机制则是保障独立董事群体的话语权，使其有可能对内部决策产生影响。这三个内容体系为独立董事制度的实施提供了先决条件。除独立董事结构之外的制度因素也是影响独立董事行为和价值效果的重要因素。一方面这些内部制度结构影响独立董事尽责履职的意愿，尤其是在存在绝对控制权的企业中，独立董事考虑到自身利益和微弱的影响力不愿意发挥其价值。另一方面，面上呈现出来的独立董事的治理效果可能已经被“糟糕”的治理结构“稀释”或者被“完善”的治理模式“美化”。因此，要想真正揭示独立董事价值的实现程度需要排除另外一些隐藏因子。

(2)独立董事行为特征是其发挥价值的关键环节

尽管制度设计环节已经对独立董事的行为进行了规定，但是制度是一个普适性的框架，给不同的制度执行者预留了巨大的行为空间。因此，具体到某一家企业的独立董事的治理效果上时，主要还是取决于独立董事履行职能的意愿和能力，具体表现为是否出席了董事会会议，是否在发表意见前充分了解了相关决策信息，是否进行了充分考虑和是否真正站在公正立场发表有效意见，等等。

(3)治理效果是独立董事价值实现的直观反映

在现有的实证研究中，判断独立董事是否发挥了其功能主要是从独立董事的各种个体特征对企业绩效的回归结果中推测，并且企业绩效指标都是常用的财务指标、成长指标，这种判断方式逻辑跨越度过大，将包括独立董事制度在内的其他影响最后结果的因素都混在一起了，使得研究者无法确定是否真的是独立董事引起了治理的改善。这种影响因素的混合也有可能是导致实证结果不统一的原因之一。本书从独立董事的职能出发，选择能表现独立董事监督四类代理成本后的治理效果指标，构建独立董事价值评估指标，使指标尽可能地接近独立董事的价值实现程度。

(4)外部环境是影响独立董事治理效果不可或缺的因素

企业内部的行为结果一般情况下都不是受单个因素的影响，但环境是重要的影响因素。除了以上所提到的内部治理环境，外部环境也是影响结果变动的因素之一。

根据以上分析，我们可知，独立董事价值的实现程度是一个关于制度结构、行为特征和治理效果三个变量的行为函数，具体见图 6-2。

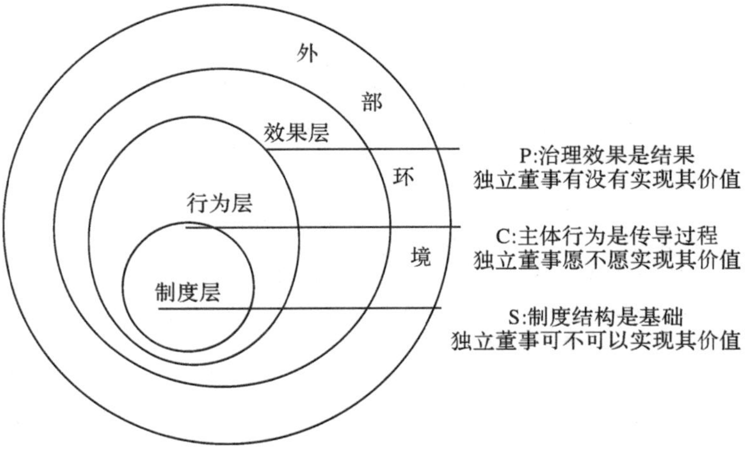

图 6-2　独立董事价值评估体系维度构成

6.2　独立董事价值综合评估的指标选择

综合评估研究有一个规范的研究框架，包括指标分析和指标处理分析两大部分，前者注重指标的提取，后者注重指标的数理统计处理和指标体系的建立。本书也将沿袭这一研究范式，从综合评估指标研究和指标处理研究两个方面构建独立董事价值综合评估的一般模型。在构建一般模型之前，本书尝试性地提出了一套评估指标体系，为了避免认识上的分歧，先对一些问题进行简单的说明（表 6-1），并对各个维度下的指标进行选择及分析。

表 6-1　评估相关问题说明

问　　题	说　　明
评价主体	由于本书的权重是利用非主观评价方法处理客观数据而获得的，中立的第三方评价机构可以根据客观数据定期发布综合评估指数和排名
评价客体	本书的评估指数是根据客观数据运算而来的，考虑到数据的可获得性，在资本市场上市的企业是容易获取数据的评估对象。本书将评估对象限定为浙江省民营上市公司

续 表

问　　题	说　　明
评估目标	本书的评估目标在于满足企业利益相关者在制订和履行相应契约时，对企业经营情况的信息需求，它是一种信息披露方式，并不直接作用于企业的经营活动
评价原则	本书以 SMART 原则作为选择评估指标的参考原则，具体为：Specific——目标必须尽可能具体，缩小范围；Measurable——目标尽可能有衡量标准和尺度；Attainable——目标设定必须是通过努力可达到的；Relevant——体现其客观要求与其他任务的关联性；Timeable——计划目标的完成程度必须与时间相关联

基于产业组织理论的 SCP 分析框架，本书将从制度结构、行为特征和治理效果三个角度提炼出直接影响独立董事价值实现的指标体系，如图 6-3 所示。

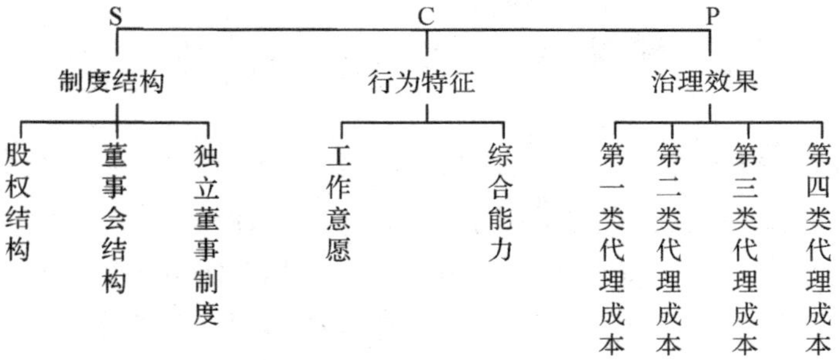

图 6-3　基于 SCP 框架的独立董事价值综合评估指标体系

6.2.1 制度结构层面评估指标研究

企业内部的制度结构与其构建的业务流程、营造的工作环境和氛围是独立董事尽责履职的基础。科学合理的制度结构可以营造良好的工作环境，在激励和约束员工行为、调动员工积极性的同时又改善其行为和态度，客观的制度基础为行为主体的主观行为明确履职的方向和奠定尽责的基础。独立董事制度效力的实现程度受到包括股权结构、董事会结构和独立董事制度在内的制度基础的影响。

(1)股权结构

股权结构是公司内部制度结构中的核心，反映了公司利益分配和风险承担机制，能够影响管理层的监控、投融资决策和成长机会选择等公司价值创造和分配行为。在公司治理方面，对外部投资者利益缺乏保护的大陆法系国家的公司有股权集中的趋势，这是投资者为保护自身利益而做出的自然反应(Shleifer et al.，1997)，尤其是在中国的公司中普遍存在"一股独大"的现象。同时，如果独大的这一股又缺乏有效的制衡力量，只会不断加大控股股东对企业决策的控制力度。基于"经济人"假设，有实际控制权的大股东愿意利用其控制权操控包括董事会在内的有关公司治理与管理的主要方面，其中也包括对独立董事的选聘，这种由被监督者来选择监督者的行为是很容易产生"同流合污"现象的，也违背了选聘独立董事的初衷。也就是说，控股股东持有过多的股权而又缺乏制衡是制约独立董事发挥作用的重要因素。本书以第一大股东持股比例来衡量大股东的治理角色，以第二至五大股东的持股比例来衡量对控股股东的制衡力度。

(2)董事会结构

董事会是企业内部的决策机构。上市公司推行独立董事制度是借助独立董事在董事会中提出客观的、独立的意见来提升董事会的决策效率和质量水平。经过10多年的实践，内部人为了抵制来自独立董事的外部监督和制约，便与独立董事进行博弈，博弈的结果是董事会中内部董事比例(或数量)的增加和董事会规模的扩大，但独立董事数量却稳定在3～5个。显然，在董事会决策过程中，如果独立董事人数不变，执行董事人数和整个董事会规模在不断扩大，会使独立董事的权力不断被稀释，一旦执行董事获得了绝对优势，即使所有独立董事个体都对议案做出了科学合理的判断，他们的声音也会被执行董事的声音掩盖，起不到真正的作用。也就是说，董事会规模越小，内部董事比例越低，独立董事的权力被压制的可能性越小，独立董事更倾向于行使制度赋予的权力，提高董事会治理水平，提升决策质量水平。

(3)独立董事制度

作为独立董事尽责履职行为准则的独立董事制度，是制度设计者希望借助科学合理的制度设计来保障独立董事积极主动地在企业发展决策中发表独立客观的意见，有效制止内部机会主义行为的发生，从而提升企业内部治理水平而设计的。合理的制度设计主要体现在三个方面：第一，保证独立董事的独立性区别于其他监督群体的独立性;第二,保证独立董事成为董事会群体中重要的决策力量,使其成为拥有影响力甚至是决定力的公正的“声音”;第三,在不损害独立董事独立性的前提下最大限度地调动独立董事工作的热情。一般情况下,总经理和董事长可能是对独立董事的独立性影响最大的两类人,他们实际上掌握了公司大部分的决策权。而当高管或董事长拥有了公司股份,很自然就担起了另外一种角色,即拥有一定控制权的企业所有者。基于“经济人”的假设,总经理或董事长利用控制权寻求所有权的增加,他们倾向于聘请“听话”的独立董事,通过形式上的独立来获得实质上的“独裁”,削弱独立董事的独立性使其成为自己的“签字董事”。而降低这种“亲信关系”风险的一种方法是跨区域选聘(曲亮等,2014),跨区域选聘可以在一定程度上保证独立董事与企业高层不存在熟识的关系,降低了独立董事与高管合谋的概率。如果说独立董事个体的独立性是保证每一位独立董事能独立行使董事权力的基础,那么独立董事整体的独立性则是保证独立董事在董事会决策过程中真正发挥作用的前提,而保证整体的独立性的最直接的方法是让独立董事在董事会中拥有多数席位。独立董事在董事会中占有多数席位,他们作为一个整体就有条件主导整个董事会的决策过程。再加上其他条件的配合,如他们与企业经营管理层和主要利益关系人没有关系,能比较客观公正地做出有利于企业发展、提高企业价值的判断,就能在董事会中做出正确决策。因此,独立董事在董事会中占多数席位,是独立董事发挥决策作用的一个重要前提条件。独立董事个体的独立性和独立董事作为一个整体的独立性,为独立董事独立于企业,客观公正地做出判断,制订有利于提高企业价值和长远发展的决策提供了重要基础。但如何既让独立董事尽职尽责地投入工作,又使独立董事在工作过程中始终如一地保持独立,企业支付给独立董事的报酬就成了关键,有足够的薪酬才可以保证独立董事积极工作。

综上所述可知,公司内部制度结构维度包括股权结构、董事会结构及独立董事制度。①股权结构:本书以直接控制性股东的持股比例来衡量大股东的治理效果。这里借鉴王跃堂等(2006)的做法,引入股权制衡虚拟变量(*Ibal*)来考察董事会独立性对股权制衡的治理效果的影响,其中如果第一大股东和后四大股东持股比率和的比值低于年度样本行业均值，*Ibal* 取 1，否则取 0。②董事会结构：本书用规模、独立性两个指标表示董事会结构。其中，董事会规模指董事会中董事的总数，董事会独立性指独立董事人数与执行董事的比例。③独立董事制度：独立董事跨区域任职可以在一定程度上保证独立董事的工作独立性，而董事长和总经理的持股比例反映的是公司治理结构影响独立董事的独立性的程度；独立董事薪酬指公司给予独立董事的适当薪酬，适当的薪酬可以激励独立董事更好地投入工作，尽责履职。本书分别以绝对数——独立董事人数和相对数——独立董事比例这两个量的指标来说明独立董事的话语权。

6.2.2 行为特征层面评估指标研究

事实上，企业的内部制度结构为独立董事制度价值的发挥奠定了环境基础，影响着独立董事价值的实现程度，但是独立董事价值的实现主要还是依靠独立董事行为叠加所发挥出的“1＋1＞2”的作用。独立董事能够通过具体的行为发挥其职能价值，关键有两点：独立董事是否有尽责履职的意愿，独立董事是否具有相对独立客观的立场和特有的专业能力对公司的问题发表专业的意见。

(1)工作意愿

独立董事参加董事会会议、发表独立意见是独立董事履行职责的重要形式。即每次举行董事会会议前，独立董事都要投入大量的精力和时间研究议案，且乐意出席会议发表独立意见，并将获取合理的决策结果作为自己的责任和工作目标。相关研究发现，独立董事履行监督职责时会考虑监督行为对自身独立董事席位或个人财富的影响，避免与公司控股股东或控制人发生冲突，习惯性发表赞同意见，因此非赞同意见才更能传递出独立董事尽责履职的工作态度。

(2)综合能力

相关文献研究表明，可以从学历、工作背景、社会声誉等可观测指标来反映独立董事的综合能力。具备较高学历的独立董事更能够为经理层的战略制订和执行带来多样性的观点和专业知识，从而提高董事会决策的效率和质量。同时，独立董事丰富的职业经历和专业知识也能够为公司的成功经营提供重要的资源支持。(唐清泉，2005)其中，具有财务或会计背景的独立董事能够更好地分析和监督上市公司的财务状况。

具有海外学习或工作经历的独立董事的眼界更加开阔,见解更加深入,能更好地为公司提供有价值的见解和建议,充分履行其提供决策建议的职责。(马连福等,2011)具有技术专长的独立董事能够从专业的角度对公司的战略和经营决策发表意见。具有经营企业经验的独立董事对管理大公司具有一定优势,其提供的建议十分中肯、详细、实用。(娄芳,2001)具有相关背景的独立董事能够降低公司和外部发生的交易成本,能从局外人的角度提出专业性的建议来解决企业面临的问题,从而提高公司的经营绩效。Shivdasani(2007)提出,若独立董事所任职的某一公司出现财务丑闻,他们的董事兼职数目将减少,因此具有较高声誉的独立董事所拥有的社会兼职数目多于低声誉的独立董事;相应地,为了维护其自身的声誉及声誉能够为其带来的社会资源和利益,独立董事会更努力地对公司进行监管,促进企业绩效的提高。唐雪松等(2010)也认为,独立董事在董事会议中提供中肯而非"搭便车"的意见,会给独立董事带来监督声誉,使其有更多的机会到其他公司兼职,因此,排除薪酬等方面因素的影响,从声誉方面考虑,独立董事有理由通过获得更多的社会兼职为自身带来更多利益,而选择积极履行其职能,使企业健康地发展。

独立董事行为特征维度包括独立董事的出勤情况、发表的独立意见及其综合能力:①出勤情况(用缺会频率表示)。独立董事缺会频率是指独立董事在计量年度内缺会次数与应参会次数之商。②发表的独立意见。上海和深圳的证券交易所 2014 年修订的《股票上市规则》规定,上市公司须披露有关重大事项的董事会决议公告。在此制度背景下,为了规避法律风险,独立董事可以对他们认为存在问题的董事会议案提出异议。同时,提出异议的行为可以表明该独立董事尽到了勤勉尽责的工作义务。③综合能力。综合能力指的是包含专长、经验和声誉等因素在内的综合性二级维度。本书用教育背景和职业背景来衡量独立董事的专长。教育背景变量等于公司独立董事学位分数的平均值,其中博士学位为 9 分,硕士学位为 6 分,学士学位为 3 分,其他为 1 分。赵昌文等(2008)把独立董事的职业背景分为 6 类:学术机构、银行、政府、公司、注册会计和法律。本书根据实际情况,在此基础上再分类,共分成学术机构、银行、政府、公司、经济与金融、财务、法律、技术与工会、协会等行政管理机构。关于经验，本书更注重独立董事是否具有海外工作或学习的经历和经营企业的经历。独立董事声誉的高低主要体现为独立董事在人力资本市场上受欢迎的程度，某独立董事在人力资本市场上越受欢迎，他们越有可能兼职。因此，可以以独立董事群体中兼职人数的比例来衡量该公司独立董事的群体声誉。

6.2.3 治理效果层面评估指标研究

立足经典委托代理理论，中国引入独立董事制度最初的目的和最根本的作用是利用独立董事特有的独立性强化监督人员的监督职能对代理成本的抑制作用。因此，企业内部各种代理成本是否被抑制是反映独立董事价值实现与否最直观的判断标准。伴随着现代企业所有权和经营权之间关系的不断演进和发展，企业内部契约结构也在不断变化，在经典公司治理分析框架下的第一类、第二类代理成本也在不断地演进和发展，形成了第三类、第四类代理成本，此时我们可以明确看到，独立董事作用机制的演进路径已经体现出从内部治理向内外部结合治理演进的趋势。

(1)监督"代理人败德"行为引发的第一类代理成本

两权分离引发的委托人与代理人的信息不对称是第一类代理成本产生的原因。作为代理人的职业经理拥有更为充分的企业内部信息，因此可以通过"隐瞒信息"和"隐瞒行为"，损害投资者利益而实现自身效用的最大化。其中，高管薪酬普遍被认为是解决股东与管理层之间委托代理问题的关键。Bebchuk et al.(2002)，Murphy(2001)，Bebchuk et al.(2003)发现，CEO具有公司的控制权，能够影响甚至主导自身薪酬制度的设计，从而让薪酬制度对管理层有利。中国在这方面的实证研究也表明，高管的控制权能够在一定程度上引起其在薪酬方面的自利行为。王克敏等(2007)、吴育辉等(2010)的研究发现，中国上市公司的管理层在设计股权激励方案时存在自利行为，管理层对公司的控制权越大，就越容易利用控制权来提高自身的薪酬水平，实现自身利益的最大化。由于管理层的败德行为难以被识别，委托人希望借助更为专业的人——独立董事对管理层的自利行为进行监督，实现独立董事对第一类代理成本的监督。

(2)监督“大股东掏空”行为引发的第二类代理成本

早期单一的股权结构伴随着企业规模的扩大而改变,多元化的股权结构带来的最大变化就是股东群体成为激励不相容的复杂组织。LLSV 组合(20 世纪 90 年代后期,对拉波塔、洛西滋·西拉内斯、安德烈·施莱弗和罗伯特·纳什尼四位学者的简称)的研究指出,企业内部的控股股东可以凭借其拥有的企业控制权,采取一些隐蔽的行为谋取只有其自身可以获得的私利,甚至会以损害其他中小股东的利益为代价来增大其所有权。此时,企业内部治理的焦点就从委托人与代理人之间的激励冲突,转换为中小股东与控股股东之间的利益冲突,因利益冲突造成的损失被形象地称为企业内部的“隧道效应”或“掏空行为”,也就是第二类代理成本。因此,防止大股东利益侵占的重要方式之一就是将所有权和控制权严格分开,两权差距越大,大股东越不容易侵占中小股东的利益,而在此状态下保护中小股东、监督大股东利益侵占行为是独立董事履行的主要职责。

(3)监督“内部人控制”行为引发的第三类代理成本

随着企业经营目标从股东利益最大化扩展为利益相关者共同利益最大化,要素所有者成为企业价值取向的核心,此时外部利益相关者已经成为委托人的重要组成部分,独立董事就在一定程度上充当外部利益相关者的代言人,进而履行监督内部人的职能。外部要素所有者对企业进行了专有性的投资,却难以掌握企业的控制权;而企业高管作为实际经营者可能通过信息不对称来侵占其他利益相关者的利益,甚至可能酿成社会责任危机,此时就会产生第三类代理成本问题。而政府性质的证监会可以凭借其特有的强制性的监督功能帮助外部利益相关者对企业内部运作进行监督,并通过通报惩罚机制对其行为进行披露。也就是说,企业被通报批评的次数越多,表明其内部运行纰漏就越多,此时独立董事并没有实现其功能价值。

(4)监督“两职合一串谋”行为引发的第四类代理成本

在独立董事联结内外部利益相关者的同时,被监督对象也可能同样通过联结委托人和代理人的网络而获取更为充分的信息,从而发生谋私行为。需要特别指出的是,伴随着资本市场的高度发展与企业规模专业化程度的不断加深,传统意义上的所有权和经营权已经逐步表现为要素所有权集合与高管经营团队之间的团体行为,因此委托代理契约实际是由双方的代表签订，但是此时可能会出现所有者代言人和经营者代言人之间的串谋行为，甚至出现双方代表是同一主体的情况（如控股股东），即两权的形式分离和实际重合，此时便出现了第四类代理成本。立足“理性人”假设，在监督宽松的氛围中，“两权合一”隐藏着独裁所带来的潜在风险，而独立董事的有效监督则显得至关重要。

治理效果维度从独立董事的监督职能出发，围绕四类代理成本设置测量指标，让独立董事的治理效果更加直接地体现出来。①第一类代理成本：本书选择高管薪酬率（前三位高管薪酬之和/营业收入×100）来衡量“代理人的投机行为”。②第二类代理成本：现有研究常用两权分离度来衡量大股东的“掏空行为”。③第三类代理成本：本书以上市公司是否违规来衡量是否实现了对“内部人控制”的监管。④第四类代理成本：本书选择两权合一指标来测量两权的形式分离和实际重合情况，如果董事长和总经理合一，取值 1，否则为 0。

根据以上分析，独立董事价值综合评估指标体系如表 6-2 所示。

表 6-2　上市公司独立董事价值综合评估指标体系构成

<table>
<tr><td rowspan="14">上市公司独立董事价值综合评估指标体系构成</td><td>一级维度</td><td colspan="2">二级维度</td><td>指标代码</td><td>具体测量指标</td></tr>
<tr><td rowspan="11">S
制度结构</td><td colspan="2" rowspan="3">股权结构</td><td>S1</td><td>第一大股东持股比例</td></tr>
<tr><td>S2</td><td>第二至五大股东持股比例和</td></tr>
<tr><td>S3</td><td>股权制衡度</td></tr>
<tr><td colspan="2" rowspan="2">董事会结构</td><td>S4</td><td>董事会人数</td></tr>
<tr><td>S5</td><td>执行董事与独立董事之比</td></tr>
<tr><td rowspan="6">独立董事
制度</td><td rowspan="3">独立性</td><td>S6</td><td>独立董事工作地一致度</td></tr>
<tr><td>S7</td><td>董事长持股比例</td></tr>
<tr><td>S8</td><td>总经理持股比例</td></tr>
<tr><td>动力机制</td><td>S9</td><td>独立董事平均津贴</td></tr>
<tr><td rowspan="2">保证机制</td><td>S10</td><td>独立董事人数</td></tr>
<tr><td>S11</td><td>独立董事比例</td></tr>
<tr><td rowspan="2">C
行为特征</td><td colspan="2">出勤情况</td><td>C1</td><td>缺会频率</td></tr>
<tr><td colspan="2">独董意见</td><td>C2</td><td>否决次数</td></tr>
</table>

续 表

	一级维度	二级维度		指标代码	具体测量指标
上市公司独立董事价值评估体系指标构成	C 行为特征	综合能力	专长	C3	学历平均得分
				C4	职业丰富度
			经验	C5	具有财务或会计背景的独立董事比例
				C6	具有专业技术能力的独立董事比例
				C7	具有海外经历的独立董事比例
				C8	拥有经营企业经历的独立董事比例
			声誉	C9	独立董事人均兼职数
	P 治理效果	第一类代理成本	对 CEO 约束情况	P1	高管薪酬
		第二类代理成本	大股东掏空水平	P2	两权分离度
		第三类代理成本	违规情况	P3	违规通报次数
		第四类代理成本	两权合一	P4	总经理与董事长的一致度

6.3 独立董事价值综合评估的指标处理研究

6.3.1 数据的初步处理

在指标选取的过程中，所搜集的数据可能不完全符合研究的需要，而且各个指标的单位会不一致，正反也会不一致，所以在进行分析前，需要对原始数据进行适当的处理，主要是对缺失值的处理和正向化处理。在整理数据的过程中，如一个样本单位存在个别数据缺失，可用变量数列的均值补充缺失数据。如果存在样本大部分变量数据缺失，全部补充会与真实情况相差甚远，考虑到合理性，可直接将样本剔除。

处理完缺失值的问题后得出，综合评估选取的 24 个指标有一些是正向指标，指标的值越大表示独立董事实现价值的可能性越大；还有一些逆向指标，指标值越大说明独立董事实现价值的可能性越小，对研究对象形成相反的影响。如果直接对正逆指标进行综合分析，正负相抵会使得综合指标失去意义，因此必须先判断指标的正逆，然后对逆指标进行正向化处理。本书直接对第一大股东持股比例、董事会人数、执行董事与独立董事之比、董事长持股比例、总经理持股比例、缺会频率、高管薪酬率和违规通报次数这八个指标的值的倒数进行正向化处理，具体如表 6-3 所示。

表 6-3 独立董事价值综合评估指标的计算过程和正逆情况

指标代码	具体测量指标	测量指标公式	正逆情况
S1	第一大股东持股比例	第一大股东所持股数/所有股数	逆指标
S2	第二至五大股东持股比例和	第二至五大股东持股比例加总	正相关
S3	股权制衡度	第二至五大股东持股比例和/第一大股东持股比例	正相关
S4	董事会人数	年报中披露的董事会人数	逆指标
S5	执行董事与独立董事之比	执行董事/独立董事	逆指标
S6	独立董事工作地一致度	会计专业的独立董事的工作地与上市公司注册地是否一致，一致取 1，不一致取 0	正相关
S7	董事长所持比例	董事长持股股数/所有股数	逆指标
S8	总经理所持比例	总经理持股股数/所有股数	逆指标
S9	独立董事平均津贴	独立董事薪酬总额/独立董事人数	正相关
S10	独立董事人数	年报中披露的独立董事人数	正相关
S11	独立董事比例	独立董事人数/董事会人数	正相关
C1	缺会频率	(缺席会议次数＋委托他人出席会议次数)/应参加会议次数	逆指标
C2	否决次数	年报中披露的非赞同意见次数	正相关
C3	学历平均得分	(博士人数×9＋硕士人数×6＋学士人数×3＋其他人数×1)/独立董事人数	正相关
C4	职业丰富度	各类型职业的人数×1/独立董事人数	正相关

续 表

指标代码	具体测量指标	测量指标公式	正逆情况
C5	具有财务或会计背景的独立董事比例	具有财务或会计背景的独立董事人数/独立董事总人数	正相关
C6	具有专业技术能力的独立董事比例	具有专业技术能力的独立董事人数/独立董事总人数	正相关
C7	具有海外经历的独立董事比例	具有海外经历的独立董事人数/独立董事总人数	正相关
C8	拥有经营企业经历的独立董事比例	具有经营企业经历的独立董事人数/独立董事总人数	正相关
C9	独立董事人均兼职数	独立董事兼职总数/独立董事总人数	正相关
P1	高管薪酬	前三位高管薪酬之和	逆指标
P2	两权分离度	|所有权－控制权|	正相关
P3	违规通报次数	年度调查中被证监会违规通报次数	逆指标
P4	总经理与董事长的一致度	总经理和董事长为同一人取值 1，反之为 0	正相关

6.3.2 指标权重的确定——熵值法

本书采用熵值法来确定指标的权重，其原理是根据各个指标值所提供的信息量的多少来确定权重。假设有 a 个待评价样本，b 个评价指标，这些数据形成指标矩阵 $X=(X_{ij})_{ab}$。在某一项 X_j 的数据中，如果各指标值 X_{ij} 之间的差异越大，在综合评估中指标所起的作用就越大，相应的权重也越大。当某项指标的各指标值完全相等时，则该指标在综合评估中不起作用，其权重可以赋值为 0。根据上述原理，本书按照以下步骤进行权重的综合评估得分的计算：

①指标同度量化，将指标值转化为第 j 项指标下第 i 个评估方案指标值的权重 P_{ij}，即

$$P_{ij} = X_{ij} / \sum_{i=1}^{a} X_{ij} \tag{6-1}$$

② 计算第 j 项指标的熵值系数 E_j，即

$$E_j = -k\sum_{i=1}^{a} P_{ij}\ln P_{ij} \tag{6-2}$$

其中 $k > 0, E_j \geqslant 0, k = 1/\ln a$。

③ 计算第 j 项指标的差异大小 G_i，即

$$G_i = 1 - E_j \tag{6-3}$$

④ 计算各个指标的权重 A_j，即

$$A_j = G_j / \sum_{j=1}^{b} G_j \tag{6-4}$$

⑤ 计算不同待评估方案的得分 V_i，即

$$V_i = \sum_{j=1}^{b} A_i P_{ij} \tag{6-5}$$

根据以上步骤便可确定各权重和各个待评估样本的综合得分。

第 7 章　独立董事价值评估体系的有效性研究:以浙江民营上市公司为例

7.1　样本选取与描述性统计

本书选取 2014 年在我国深沪两市 A 股上市的浙江省民营公司为研究样本。基于研究目标,本书按照以下的标准对样本进行筛选。

①剔除在 A 股、B 股和 H 股同时上市的公司。

②剔除财务数据异常的 ST、* ST 公司。

③剔除金融类上市公司。

④剔除相关财务指标数据缺失的上市公司。

⑤剔除独立董事个人特征数据缺失的上市公司。

同第 4 章的数据获取方式,本部分的数据也主要由两部分构成:一部分是通过手工收集获取的第一手独立董事的特征数据;另一部分来源于国泰安 CSMAR 数据库、CCER 数据库。上市公司的独立董事个体特征数据来自新浪财经(finance. sina. com. cn)等公开披露的董事会高管信息和公司年报中。通过对样本的筛选,本次研究获得 138 家上市公司的数据,每个样本具有 24 个变量数据,即共收集 3 312 个有效观测值,具体样本情况见表 7-1。

表 7-1 是对所有样本企业的制度结构、行为特征和治理效果三个方面的描述性统计。从表 7-1 可知,在制度结构层面,浙江省民营上市公司依然普遍存在一股独大的现象,第一大股东平均占有公司三分之一的股份,约是第二至五大股东股份和的 3 倍,最大时可达 78%的绝对控股水平。董事会中董事人数 2～13 个,其中执行董事人数平均约为独立董事人数的 2 倍,企业平均聘任 3 位独立董事,平均约占董事会席位的三分之

一,独立董事人均月薪 6 万元。关于独立董事的具体行为特征,从表 7-1 中可以发现,独立董事基本不缺席会议,缺会频率平均为 0.035,但是少有独立董事会对企业议案提出非赞成意见,平均 100 家企业才会有 1～2 家。以 9 分(独立董事是博士)为独立董事人均学历最高水平,样本企业的独立董事群体学历属于中等偏上水平,平均学历得分大于 6。样本企业的独立董事群体职业背景比较固定,集中在财务或会计上,平均约 20%是具有经营企业经历的独立董事,14%是具有与企业主营业务相关的技术背景的独立董事,9.4%是具有海外经历的独立董事。这些独立董事人均约兼职 1 家企业,有能力的独立董事最高同时任约 4 家企业的独立董事。另外,高管年薪平均约 60 万元,约 67%的企业董事长与总经理 2 个职权形式分离。

表 7-1　样本公司的描述性统计

变　量	Mean	Std. Dev.	Min	Max
第一大股东持股比例	0.369	0.140	0.050	0.780
第二至五大股东持股比例和	0.191	0.101	0.030	0.563
股权制衡度	2.798	2.648	0.322	18.787
董事会人数	8.420	1.311	5.000	13.000
执行董事与独立董事之比	1.761	0.334	0.667	3.000
独立董事工作地一致度	0.551	0.499	0.000	1.000
董事长持股比例	12.573	15.658	0.000	70.707
总经理持股比例	7.876	13.802	0.000	71.003
独立董事平均津贴	62 287.660	24 199.910	0.000	150 000.000
独立董事人数	3.058	0.396	2.000	5.000
独立董事比例	0.368	0.050	0.250	0.600
缺会频率	0.035	0.083	0.000	0.500
否决次数	0.014	0.120	0.000	1.000
学历平均得分	6.014	1.577	2.000	9.000
职业丰富度	1.869	0.533	0.800	4.333
具有财务或会计背景的独立董事比例	0.470	0.275	0.000	1.333

续 表

变　　量	Mean	Std. Dev.	Min	Max
具有专业技术能力的独立董事比例	0.140	0.196	0.000	0.667
具有海外经历的独立董事比例	0.094	0.176	0.000	0.667
拥有经营企业经历的独立董事比例	0.201	0.253	0.000	1.000
独立董事人均兼职数	0.967	0.795	0.000	3.333
高管薪酬	1 817 244.000	1 231 828.000	204 300.000	8 049 300.000
两权分离度	6.759	8.175	0.000	32.800
违规通报次数	0.014	0.120	0.000	1.000
总经理与董事长的一致度	0.667	0.473	0.000	1.000

7.2 指标权重的确定

在以上客观数据的基础上，同第 6 章的做法，本部分亦用熵值法确定各个指标的权重。第一，对原有数据进行正向化处理，如上所述，对指标体系中的逆指标取其倒数便可。第二，将指标体系中的 24 个指标进行熵值和权重的计算，用该权重的大小反映不同指标对独立董事价值实现的影响程度，具体结果见表 7-2。

表 7-2　浙江民营上市公司独立董事价值综合评估指标的权重

具体指标	熵值系数	差异系数
第一大股东持股比例	0.043 2	0.956 8
第二至五大股东持股比例和	0.972 3	0.027 7
股权制衡度	0.947 5	0.052 5
董事会人数	0.997 1	0.002 9
执行董事与独立董事之比	0.994 6	0.005 4
独立董事工作地一致度	0.878 9	0.121 1
董事长持股比例	0.101 5	0.898 5
总经理持股比例	0.473 1	0.526 9

续　表

具体指标	熵值系数	差异系数
独立董事平均津贴	0.982 9	0.017 1
独立董事人数	0.998 4	0.001 6
独立董事比例	0.998 2	0.001 8
缺会频率	0.664 0	0.336 0
否决次数	0.140 7	0.859 3
学历平均得分	0.992 8	0.007 2
职业丰富度	0.991 9	0.008 1
具有财务或会计背景的独立董事比例	0.964 9	0.035 1
具有专业技术能力的独立董事比例	0.792 5	0.207 5
具有海外经历的独立董事比例	0.706 5	0.293 5
拥有经营企业经历的独立董事比例	0.823 6	0.176 4
独立董事人均兼职数	0.922 0	0.078 0
高管薪酬	0.910 5	0.089 5
两权分离度	0.844 1	0.155 9
违规通报次数	0.997 0	0.003 0
总经理与董事长的一致度	0.917 7	0.082 3

根据前述熵值法的原理,本部分以 138 家浙江民营上市公司为研究样本,立足客观数据,得出表 7-2 所示的权重系数后发现,138 家民营上市公司普遍存在控制性股东,但第一大股东持股比例、董事长持股比例和总经理持股比例三者间是存在差异的,且差距表现为 0～70%不等的持股比例。该结果进一步说明,浙江民营上市公司的大股东、董事长和总经理很有可能是同一个人;浙江民营上市公司的独立董事群体基本都保证至少有 1 名具有会计或财务背景的独立董事,因此在具有财务或会计背景的独立董事比例这一变量上几乎不存在差异,权重仅为 0.207 5。但具有其他职业经历的独立董事由于没有政策的硬性“绑架”,放宽了各个企业对独立董事的选择条件,这增大了被选择的独立董事的职业背景的差异性,因此具有海外经历、专业技术能力和企业经营经历的独立董事比例在综合评估中被赋予较高的权重。从独立董事的具体行为来看,主要表现

为出席董事会会议和在会议上发表意见，这两项指标的差异性主要来源于个别企业的小概率行为。从数据中可以发现，大部分独立董事都会准时参加会议，基本不会持反对意见，小部分企业的独立董事缺席了会议或者持反对意见，导致数据间的差异，因此被赋予一定的权重。此外，其他指标的权重均小于 0.01，说明样本在这些指标上的差异并不明显。

7.3 浙江民营上市公司独立董事价值综合评估排名

根据综合评估的原理，用各指标值与表 7-2 的权重计算得到 2014 年浙江省 138 家民营上市公司的独立董事价值实现程度的综合得分。因为单纯看得分无法得出各个企业独立董事价值的实现程度，本书将综合得分转化为可以比较的排名。按照各个企业的综合得分由大到小排序，得到的综合排名结果见表 7-3。

通过图 7-1 可以看到，在独立董事价值综合评估得分栏的前 20 位排名中，贝因美以 0.183 2 遥遥领先，明显高于其他企业，处于第一层次；新湖中宝和新安股份接近于 0.1 的得分让它们处于第二层次；浙江医药以第 4 名的成绩位于第三层次；剩余企业的得分都在 0.01 上下波动，形成第四层次[①]。

表 7-3　2014 年浙江民营上市公司独立董事价值综合评估得分和排名

	独立董事价值综合得分		制度结构		行为特征		治理效果	
排名	企业名称	得　分	企业名称	得　分	企业名称	得　分	企业名称	得　分
1	贝因美	0.183 2	贝因美	0.180 9	新湖中宝	0.094 7	卧龙电气	0.001 5
2	新湖中宝	0.098 9	浙江医药	0.053 1	新安股份	0.087 9	荣盛石化	0.001 4
3	新安股份	0.091 8	莱茵置业	0.012 7	久立特材	0.005 4	富春环保	0.001 2
4	浙江医药	0.055 5	浙江富润	0.010 3	信质电机	0.005 2	伟星新材	0.001 2
5	莱茵置业	0.015 2	腾达建设	0.010 3	巨星科技	0.005 1	新湖中宝	0.001 2
6	腾达建设	0.012 5	亚厦股份	0.009 8	宁波华翔	0.005 0	龙元建设	0.001 1

① 后期为分析，一般将三、四层次合并为一个层次。

续　表

	独立董事价值综合评价		制度结构		行为特征		治理效果	
排名	企业名称	得　分	企业名称	得　分	企业名称	得　分	企业名称	得　分
7	亚厦股份	0.011 3	卧龙电气	0.005 3	利欧股份	0.005 0	亚太股份	0.001 1
8	浙江富润	0.010 8	报喜鸟	0.005 2	天邦股份	0.004 6	滨江集团	0.001 1
9	银轮股份	0.010 0	海越股份	0.005 1	浙江龙盛	0.004 4	万向钱潮	0.001 1
10	海越股份	0.008 7	银轮股份	0.005 1	银轮股份	0.004 3	嘉化能源	0.001 1
11	宁波华翔	0.008 5	开山股份	0.003 8	南洋科技	0.004 1	东南网架	0.001 1
12	久立特材	0.008 0	富春环保	0.003 4	我武生物	0.004 1	宏润建设	0.001 1
13	利欧股份	0.007 6	广宇集团	0.003 4	老板电器	0.004 0	新和成	0.001 1
14	报喜鸟	0.007 4	华星创业	0.003 3	苏泊尔	0.004 0	卫星石化	0.001 1
15	方正电机	0.007 1	阳光照明	0.003 2	航民股份	0.003 9	盾安环境	0.001 1
16	卧龙电气	0.007 1	新安股份	0.003 2	永太科技	0.003 9	均胜电子	0.001 0
17	信质电机	0.006 9	信雅达	0.003 2	杭萧钢构	0.003 7	万丰奥威	0.001 0
18	浙江龙盛	0.006 7	星星科技	0.003 1	奥康国际	0.003 6	亚厦股份	0.001 0
19	天邦股份	0.006 5	永贵电器	0.003 1	方正电机	0.003 6	乔治白	0.001 0
20	巨星科技	0.006 4	方正电机	0.003 1	道明光学	0.003 6	久立特材	0.001 0
21	老板电器	0.006 4	新湖中宝	0.003 0	金固股份	0.003 5	精功科技	0.001 0
22	嘉化能源	0.006 3	宁波华翔	0.003 0	东南网架	0.003 3	宋城演艺	0.000 9
23	航民股份	0.006 3	盾安环境	0.003 0	海越股份	0.003 3	杉杉股份	0.000 9
24	金固股份	0.006 1	美都能源	0.002 9	双箭股份	0.003 0	日发精机	0.000 9
25	东南网架	0.006 1	广博股份	0.002 9	金洲管道	0.002 9	宁波富邦	0.000 9
26	信雅达	0.006 0	凯恩股份	0.002 8	双环传动	0.002 9	三花股份	0.000 9
27	广博股份	0.006 0	宋城演艺	0.002 8	伟星新材	0.002 8	栋梁新材	0.000 8
28	伟星新材	0.005 9	向日葵	0.002 8	浙江众成	0.002 8	万安科技	0.000 8
29	我武生物	0.005 8	栋梁新材	0.002 8	海利得	0.002 7	老板电器	0.000 8
30	华星创业	0.005 8	嘉化能源	0.002 7	华峰氨纶	0.002 7	莱茵置业	0.000 8

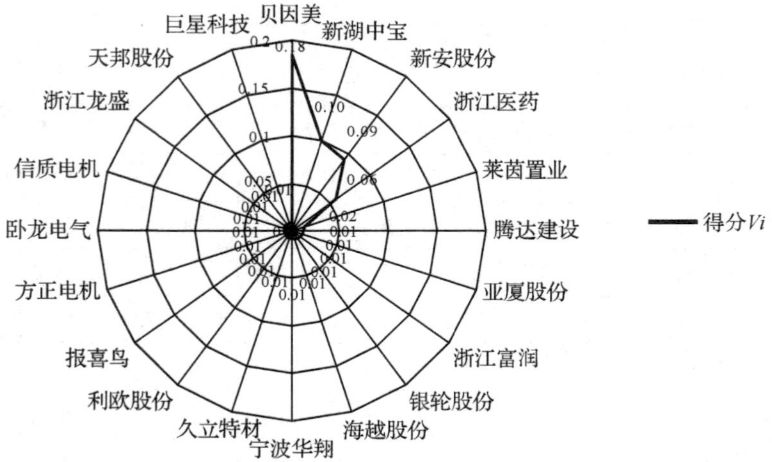

注：图中数据为原数据四舍五入后保留两位小数的数据。

图 7-1　2014 年浙江民营上市公司独立董事价值综合评估得分(前 20 名)

从表 7-4 中可以发现，综合评估得分排名前 20 名的企业在 SCP 的分维度中至少有 1 个维度在行业中处于优势地位，而且普遍出现在制度结构维度和行为特征维度中，从而提高了综合成绩；企业对四类代理成本的制约效果并不是由独立董事的监督行为而产生的，具体表现在卧龙电气的治理效果维度在研究样本中排名第一，但是综合评估后却排到了第 16 名，表明虽然独立董事尽到法律规定的义务和责任，但更多的是被动履行法律规定的任务，保证形式上完成了硬性工作要求，而并没有主动发挥监督降低代理成本的实质性作用，这一定程度上支持了独立董事失效的论断。同时，这也是本书的局限，关于对独立董事行为特征的测量只能限定在静态特征指标上，难以获取真正能反映独立董事意愿和行为的数据。

表 7-4　独立董事价值综合评估得分排名前 30 的企业的分维度排名情况

企业代码	企业名称	综合得分排名	制度结构排名	行为特征排名	治理效果排名
002570	贝因美	1	1	58	44
600208	新湖中宝	2	21	1	5
600596	新安股份	3	16	2	38
600216	浙江医药	4	2	51	41
000558	莱茵置业	5	3	59	30

续　表

企业代码	企业名称排名	综合得分排名	制度结构排名	行为特征排名	治理效果排名
600512	腾达建设	6	5	48	88
002375	亚厦股份	7	6	110	18
600070	浙江富润	8	4	130	65
002126	银轮股份	9	10	10	48
600387	海越股份	10	9	23	84
002048	宁波华翔	11	22	6	62
002318	久立特材	12	79	3	20
002131	利欧股份	13	36	7	93
002154	报喜鸟	14	8	53	60
002196	方正电机	15	20	19	64
600580	卧龙电气	16	7	116	1
002664	信质电机	17	113	4	63
600352	浙江龙盛	18	40	9	116
002124	天邦股份	19	77	8	81
002444	巨星科技	20	131	5	69
002508	老板电器	21	72	13	29
600273	嘉化能源	22	30	33	10
600987	航民股份	23	60	15	50
002488	金固股份	24	33	21	114
002135	东南网架	25	67	22	11
600571	信雅达	26	17	36	59
002103	广博股份	27	25	31	56
002372	伟星新材	28	56	27	4
300357	我武生物	29	108	12	57
300025	华星创业	30	14	38	89

7.4 评估体系的相关分析

为进一步考察各 SCP 分维度指标得分对综合得分的影响及贡献程度，本书测量了各维度变量间的相关系数，具体结果见表 7-5。

表 7-5 浙江民营上市公司独立董事价值综合评估各分维度相关系数

	综合得分	制度结构	行为特征	治理效果
综合得分	1			
制度结构	0.557**	1		
行为特征	0.720**	0.008	1	
治理效果	0.299**	0.164	−0.070	1

注：** 表示在 0.01 水平上显著(2-tailed)。

根据表 7-5 中的数据，独立董事价值综合评估得分与制度结构分维度得分、行为特征分维度得分和治理效果分维度得分之间呈现显著的正相关关系，系数分别为 0.557,0.720 和 0.299，这可以大致说明科学合理的制度结构、独立董事尽责履职的行为特征及监督四类代理成本所获得的治理效果是影响独立董事整体价值实现的相关因素，其中独立董事的传导机制——独立董事尽责履职的行为特征尤其重要，是独立董事价值实现过程中最关键的环节。其次分别是科学合理的制度结构和监督四类代理成本所获得的治理效果。各个分维度之间的相关性并不显著，监督四类代理成本所获得的治理效果受科学合理的制度结构的影响高于受独立董事尽责履职的行为特征的影响，其系数绝对值分别为 0.164 和 0.070；独立董事尽责履职的行为特征分维度得分与监督四类代理成本所获得的治理效果分维度得分之间是负相关关系，这可以说明独立董事不但没有发挥理论上应尽的监督职责，不能完善内部治理结构，甚至还削弱了其他因素对代理成本的抑制作用。

7.5 独立董事价值综合评估指标和企业绩效的关系

7.5.1 提出假设

在前文独立董事价值综合评估得分和各分维度指标得分的基础上，我们进一步了解了这些指标对企业绩效的影响。

因此，本书提出以下假设：

H1：独立董事价值综合评估指标与企业绩效呈正相关关系。

中国资本市场监管机构将独立董事制度视为解决公众公司内部代理问题的有效机制。立足委托代理理论，独立董事主要发挥监督职能，防范公司风险，保护外部投资者的正当利益不受内部人侵害等，并不直接参与公司的日常经营决策，并不需要直接对公司绩效负责。(Johnson et al.，1996) 公司绩效受内部的制度结构和独立董事的行为特征的影响，但它们并不是直接决定因素。(Kesner et al.，1990)相比于直接分析董事会结构等因素与公司绩效之间的关系，考察董事会结构与公司内部治理行为(Kosnik，1987)、内部治理效果与公司绩效的关系更有意义，例如，高管薪酬、大股东掏空、财务披露等，这些内部行为与董事会的职能、独立董事的职能直接相关，而这些行为的结果才是董事会结构与公司绩效之间的中介变量，对公司业绩的影响更直接、更重要。

因此，本书提出以下假设：

H2：独立董事价值综合评估指标中治理效果维度与企业绩效呈正相关关系。

7.5.2 实证检验

对企业绩效，本书以每股收益作为衡量指标，每股收益通常被用来反映企业的经营成果，衡量普通股的获利水平及投资风险，是投资者等信息使用者据以评价企业盈利能力、预测企业成长潜力，进而做出相关经济决策的重要的财务指标。同时，在分析过程中，我们还加入了公司规模、行业、年限这三个控制变量。公司规模用公司年末总资产的自然对数值来表示，行业以国泰安数据库行业代码 A 进行分类控制，年限指公司上市至样本观察期的时间。

从表 7-6 评估指标的均值来看，独立董事价值综合评估指标得分主要来源于制度结构和行为特征，独立董事履行职责以后的治理效果对总得分的贡献并不大，且样本间的数据差异都在 0.01 的范围内波动，差距不大。研究样本的上市时间从 2014 年刚成立到经营 21 年不等，平均上市年限约 7 年，其经营处于比较稳定的状态。

表 7-6 各变量的描述性统计结果

变 量	Mean	Std. Dev	Min	Max
S 制度结构分维度得分	0.003 8	0.015 9	0.000 6	0.180 9
C 行为特征分维度得分	0.002 9	0.010 8	0.000 0	0.094 7
P 治理效果分维度得分	0.000 5	0.000 4	0.000 0	0.001 5
独立董事价值综合评估得分	0.007 2	0.019 2	0.001 6	0.183 2
EPS	0.387 0	0.425 0	−0.736 2	2.008 7
ROA	0.048 2	0.048 1	−0.126 7	0.187 4
公司规模(总资产对数)	21.793 5	0.966 7	19.630 0	24.983 8
年 限	6.98	4.89	0.00	21.00
有效评估方案	138			

为避免变量间的多重共线性问题影响模型最终的结果，本书对研究变量进行了 Pearson 相关分析的检验。由检验结果可知，各个研究变量之间的相关系数都未超过 0.3，表明本书中各评估维度之间并不存在共线性的问题，据此再进行回归检验，结果见表 7-7。

表 7-7 独立董事价值综合评估指标与每股收益的回归结果

变 量	*EPS*	变 量	*EPS*
行 业	−0.014 4 (−0.037 8)	出勤情况得分	388.1 (−314.7)
公司规模	0.075 8 (−0.050 1)	独立意见得分	307.1 (−316)

续 表

变 量	*EPS*	变 量	*EPS*
年 限	−0.015 9* (−0.008 16)	综合能力得分	405.3 (−321)
综合得分	330.9* (314.6)	治理效果分维度得分	2 976*** (−1 072)
制度结构分维度得分	0 (0)	对第一代理成本抑制得分	2 504** (−995.1)
股权结构得分	302.1 (−345.5)	对第二代理成本抑制得分	2 689** (−1 042)
董事会结构得分	0 (0)	对第三代理成本抑制得分	0 (0)
独立董事制度得分	322.3 (−313.9)	对第四代理成本抑制得分	2 568** (−1 037)
行为特征分维度得分	0 (0)	常 量	−1.860* (−1.103)
样本数	138		
R-squared	0.157		

注：*** 表示在 0.001 水平上显著，** 表示在 0.01 水平显著，* 表示在 0.05 水平上显著(下表同)。

表 7-7 的回归结果显示，独立董事价值综合评估指标与企业每股收益呈正相关关系，主要表现在治理效果维度对每股收益产生的显著正相关关系，此时制度结构分维度和行为特征分维度与每股收益没有显著关系。在综合评估得分中，治理效果分维度得分对综合得分的贡献不大，但是在与企业绩效关系的回归分析中，真正影响企业绩效的反而是治理效果分维度。这说明，即使治理效果分维度在独立董事价值综合评估指标中占比小，但是真正对企业绩效产生影响的就是独立董事对企业内部治理行为的改善程度，企业各种制度结构、工作环境及独立董事的职责要求、实际的工作表现等因素都是通过公司内部治理行为的改善来作用于企业绩效的，并不是直接作用于企业绩效。因此，企业对制度结构和行为特征的修正方向最后都要落实到对治理问题的防范与纠正上，否则不能对症下药，有可能出现“徒劳无功”的情况。也就是说，如果独立董事希望提高企业的绩效，就要以防范和纠正企业内部主要代理问题为目标，从制度结构和独立董事具体行为特征两个方面入手。

7.6 回归结果的稳健性检验

为检验结果的稳健性，本书采用企业绩效的另外一个衡量指标——总资产收益率代替每股收益，对独立董事价值综合评估指标与总资产收益率的稳健性进行检验，具体结果见表 7-8。

表 7-8 独立董事价值综合评估指标与总资产收益率的回归结果

变量	*ROA*	变量	*ROA*
行业	−0.005 8 (−0.004 29)	出勤情况得分	54.22 (−35.72)
公司规模	−0.004 23 (−0.005 69)	独立意见得分	47.04 (−35.86)
年限	−0.001 27 (−0.000 926)	综合能力得分	54.36 (−36.43)
综合得分	48.97* (35.7)	治理效果分维度得分	461.7*** (−121.7)
制度结构分维度得分	0 (0)	对第一代理成本抑制得分	392.9*** (−112.9)
股权结构得分	50.53 (−39.21)	对第二代理成本抑制得分	413.3*** (−118.2)
董事会结构得分	0 (0)	对第三代理成本抑制得分	0 (0)
独立董事制度得分	48.02 (−35.63)	对第四代理成本抑制得分	410.7*** (−117.7)
行为特征分维度得分	0 (0)	常量	0.063 1 (−0.125)
样本数	138		
R-squared	0.152		

表 7-8 的检验结果同样显示，独立董事价值综合评估指标与企业总资产收益率呈正相关关系，主要表现在治理效果分维度与总资产收益率之间的显著正相关关系，此时制度结构分维度和行为特征分维度与总资产收益率没有显著关系。

通过对独立董事价值综合评估指标与总资产收益率的回归分析我们发现,回归结果和独立董事价值综合评估指标与每股收益的回归结果基本一致,由此得出本书前述所得结论比较稳健。

7.7　实证结论

首先,本章选取 2014 年我国深沪两市 A 股上市的浙江省民营企业公司作为研究样本,对样本按照标准进行筛选后得出 3 312 个有效观测值。在对独立董事价值综合评估得分的 3 个维度进行描述性统计的基础上,本书运用熵值法赋予各个指标权重,得出各指标的权重系数。再计算得到各指标值及权重的得分,将企业按照得分由高到低进行排名,从而将企业分为 3 个层次,第一层次是综合排名第一的贝因美,它的控制权和股权分配模式表明企业内掌握最高控制权的董事长和总经理可能不是同一人,保障了独立董事的独立性;第二层次中的独立董事出于自身利益的考虑,易变为“签字董事”;第三层次中的分数情况说明大股东不绝对控股、总经理少量控股的模式可以促进独立董事价值的实现。

其次,对 SCP 分维度指标得分进行相关分析,得出独立董事价值综合评估得分排名与制度结构分维度排名、行为特征分维度排名和治理效果分维度排名之间呈现显著的正相关关系,说明科学合理的制度结构、独立董事尽责履职的行为特征及监督四类代理成本所获得的治理效果是影响独立董事整体价值实现的重要因素,其中独立董事的传导机制——独立董事尽责履职的行为特征尤其重要。但是各个分维度之间的相关性并不显著。行为特征分维度得分与治理效果分维度得分之间是负相关关系,说明独立董事削弱了其他因素对代理成本的抑制作用,并没有发挥理论上应尽的监督职责。

最后,在进行评估指标与企业绩效的回归分析后发现,独立董事价值综合评估指标与企业每股收益呈正相关关系,主要表现在治理效果分维度对每股收益产生的显著正相关关系,而制度结构分维度和行为特征分维度与每股收益没有显著关系。虽然在综合评估得分中,治理效果分维度得分对综合得分的贡献不大,但是从企业绩效的回归分析中可知,真正影响企业绩效的反而是治理效果分维度。

第 8 章　独立董事价值评估体系的应用研究：以浙江民营上市公司为例

8.1　分层治理

本章把第 7 章得到的 2014 年 138 家浙江民营上市公司独立董事价值综合评估得分值从高到低进行排序编码，再运用系统聚类分析中的组间联接聚类，采用平方 Euclidean 距离进行分析。从图 8-1 中可以看出，138 个样本可以聚成 3 类，贝因美（编号 1）为一类（第一类），新湖中宝（编号 2）和新安股份（编号 3）为一类（第二类），剩下的企业大致可以归为一类（第三类）。由此可见，浙江民营上市公司的独立董事价值实现程度存在一定的差异，造成了独立董事价值评估体系的各价值实现环节得分的不均衡分布。

从表 8-1 和表 8-2 可以发现，贝因美的独立董事价值综合评估得分最高，约是以第二名新湖中宝两倍的得分位列第一，那么其优势体现在哪里？从表 8-1 可知，贝因美靠企业内部制度结构维度得分高拉动其整体排名水平。制度结构维度得分高，是因为贝因美的董事长和总经理两职不合一，且董事长没有持有公司股份，总经理仅持有公司 1% 的股份，即表现出这样一种控制权和股权的分配模式：企业内部最有可能掌握高控制权的两类人——董事长和总经理不是同一个人，各自承担自己的决策权力和执行权力，总经理适当持股，董事长不持股。立足委托代理理论、有限理性和自利性使人具有天然的偷懒和机会主义的动机，为了防止代理人的“败德行为”和“逆向选择”就需要一个有效的监督机构——董事会。在贝因美，其董事长和总经理不是同一个人，且董事长和总经理并没有过度持股，这降低了高层管理人员权力的过度膨胀严重削弱董事会监

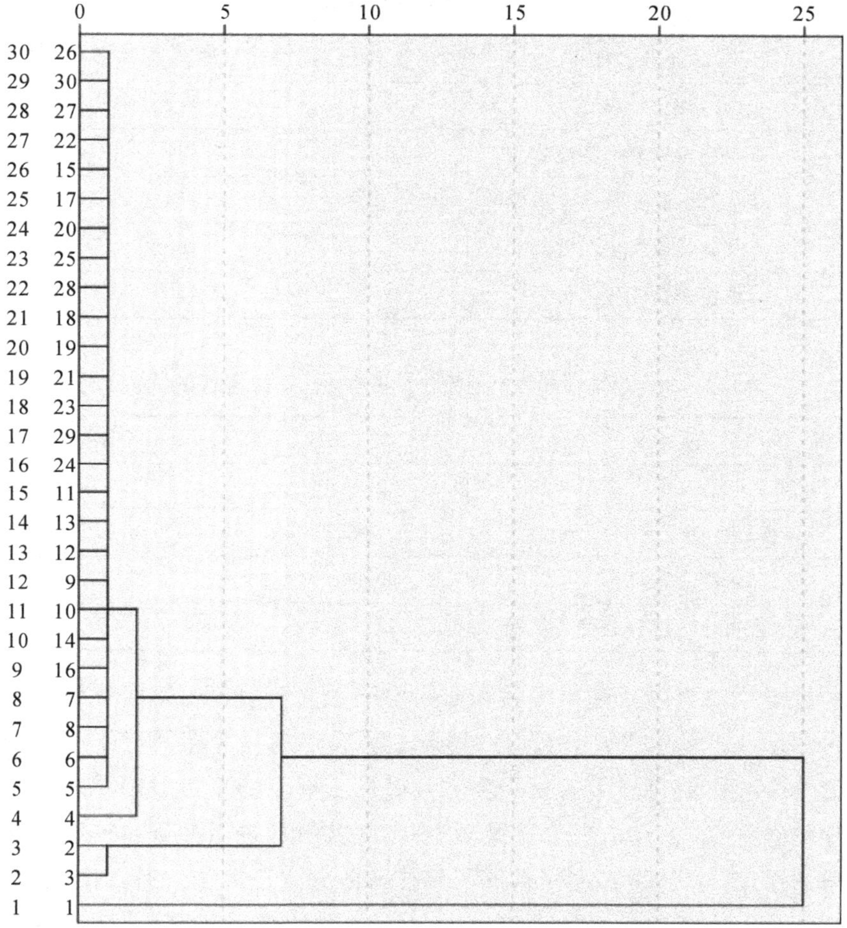

图 8-1　独立董事价值综合评估得分系统聚类分析结果(排名前 30 的企业)

督高层管理人员的有效性的可能性，一定程度上保障了董事会具有高度的独立性，有利于其发挥有效的监督作用，比如适当降低了独立董事被董事长或总经理“绑架”的可能性，维持了独立董事选聘和决策的独立性。另外，总经理适度持股可以将企业的长远利益与总经理的个人利益绑定，激励总经理努力工作。

表 8-1　贝因美独立董事价值综合评估得分分布情况

企业名称	贝因美
总　　分	0.183 2
制度结构分维度得分	0.180 9
独立董事制度独立性得分	0.179 8
董事长持股比例得分	0.165 0
总经理持股比例得分	0.014 8

表 8-2　新湖中宝和新安股份独立董事价值综合评估得分分布情况

企业名称	新湖中宝	新安股份
总　　分	0.098 9	0.091 8
行为特征分维度得分	0.094 7	0.087 9
否决次数得分	0.086 9	0.086 9
否决次数得分对总分的得分贡献	0.88	0.95

位于第二类的新湖中宝和新安股份的独立董事价值综合评估得分分别为 0.098 9 和 0.091 8,它们的得分主要集中在行为特征分维度中的独立董事否决次数得分上。我国独立董事尽责履职的重要表现形式之一是发表独立意见,尤其是当独立董事说“不”的时候,表明其更有可能发挥了监督的作用,独立董事通过说“不”向市场传递监督声誉。通常情况下,在浙江民营上市公司实际被控股股东或内部人控制的情况下,独立董事出于自身利益(被迫离职或者减少固定津贴)的考虑,会尽量避免在发表独立意见时说“不”,最后变成了“顺从”控制人的“签字董事”,违背了设计独立董事制度的初衷。相反地,一个敢于在大形势下开口说“不”的独立董事,其意见很有可能是经过深思熟虑的、能够反映个人态度的,是最真实的独立性意见,这意味着独立董事可以不受他人因素的影响发挥独立董事应该发挥的职能作用。

第三类中的评价样本的独立董事价值综合评估得分(表 8-3)虽然并不高,但这些样本的分数主要集中在第一大股东持股比例和总经理持股比例上,即大股东没有绝对控股、总经理少量持股的模式可以促进独立董事价值的实现。在公司治理结构中,大股东与总经理的职位极其重要,而独立董事存在的重要目标就是改善公司内部治理机制，具体而言，便是防范内部代理问题的产生，监督大股东和管理层等的机会主义行为。当大股东或者总经理拥有绝对控制权时，会利用手中的权力影响董事会的决策，左右企业的经营状况，攫取最大化利益。为了改善中国上市公司治理结构，中国证监会希望通过引进独立董事制度，对这些行为进行有效的监督控制。现有研究表明，这种监督效果因被监督者对提名或聘任环节的控制而弱化，甚至丧失。因此，企业中的大股东和总经理，这两类最有可能掌握民企控制权的力量尽可能不要控股，不要绝对掌控企业决策权，否则会弱化监督力量。高管团队是企业日常经营的执行力量，可以不控股，但需要少量股权去激励，使高管自身与企业拥有更多的共同利益，使高管的个人利益与公司的长远利益向着相同的方向发展。

表 8-3　腾达建设等民营上市公司独立董事价值综合评估得分分布情况

	腾达建设	银轮股份		亚厦股份	浙江富润
总　　分	0.012 5	0.010 0	总　　分	0.011 3	0.010 8
制度结构分维度得分	0.010 3	0.005 1	制度结构分维度得分	0.009 8	0.010 3
股权结构得分	0.009 8	0.003 6	独立董事制度独立性得分	0.008 4	0.008 6
第一大股东持股比例得分	0.009 5	0.003 5	总经理持股比例指标得分	0.008 0	0.005 9
第一大股东持股比例	4.49	12.28	总经理持股比例	0.02	0.02

8.2　立足结果防范投资风险——以 GQY 视讯为例

在 2014 年度独立董事价值综合评估排名中，GQY 视讯在 138 个被测样本中排名第 100 位（表 8-4），中等偏下。其中，独立董事行为特征分维度排名最低，排第 106 位；其次是治理效果分维度，排第 73 位；排名最靠前的制度结构分维度也仅仅排在了第 54 位。这表明投资者、监管机构和企业本身需要关注企业的治理状态。

表 8-4 GQY视讯独立董事价值综合评估分析

企业基本信息	股票代码	300076	
	企业名称	GQY视讯	
	年　限	4	
	独立董事价值综合排名	100/138	
评估维度和排名	具体指标	具体数值	样本均值
制度结构第54位	第一大股东持股比例	30.02%	36.9%
	第二至五大股东持股比例和	21.43	0.191
	董事会人数	9	8.42
	执行董事与独立董事之比	2.00	1.761
	独立董事工作地一致性	1	0.551
	董事长持股比例	15.71	12.573
	总经理持股比例	15.71	7.876
	独立董事平均津贴	50 000	62 287.66
	独立董事人数	3	3.058
	独立董事比例	0.33	0.368
行为特征第106位	缺会频率	0.00	0.035
	否决次数	0	0.014
	学历平均得分	6.00	6.014
	职业丰富度	1.67	1.869
	具有财务或会计背景的独立董事比例	0.33	0.47
	具有专业技术能力的独立董事比例	0.00	0.14
	具有海外经历的独立董事比例	0.00	0.094
	拥有经营企业经历的独立董事比例	0.33	0.201
	独立董事人均兼职数	0	0.967
治理效果第73位	高管薪酬	2 232 800	1 817 244
	两权分离度	9.546 4	6.759
	违规通报次数	0	0.014
	总经理与董事长的一致度	0	0.667

事实上,2014 年 GQY 视讯的确在治理领域失误频频。2014 年 10 月 20 日,GQY 视讯公告:公司拟以评估价格 580 万元受让关联人袁向阳名下 1 台劳斯莱斯幻影 SCAIS685 车辆(不含牌照)。公告称:长期缺少接待贵宾的专用高级车辆,将使公司业务拓展受到掣肘,购买此车有助于提升公司形象。一辆二手车,竟然事关公司战略发展规划,引发投资者一片笑骂,但是更令人惊讶的是董事会通过了此项提案,关联交易达成,尤其是会议上的 3 名独立董事都投了赞成票,这样的结果让人啼笑皆非。

显然,GQY 视讯的独立董事在"跑车战略"事件中并没有发挥制度所赋予的职能作用。本书基于独立董事价值综合评估体系视角分析一下此案例中独立董事失效的原因和今后改善的方向。从表 8-4 各分维度的排名中我们可以发现,三个分维度都低于平均水平,引起总体排名偏低的主要原因来自独立董事群体的行为特征,这表明修正独立董事群体的行为特征是 GQY 视讯下一步改善内部治理环境的有效治理方向。进一步观测评估体系中行为特征分维度的指标,我们发现,除缺会频率和拥有经营企业经历的独立董事比例这两个指标外,其他指标均低于平均水平,尤其是该公司独立董事群体从未提出过赞成以外的意见类型,无具有海外工作背景的独立董事,无具有与主营业务相关的专业技术背景的独立董事,且该企业独立董事不在其他企业兼职独立董事。综合以上低于平均水平的指标因素,我们觉察到,无兼职企业、无海外经历、无专业技术这些因素影响了独立董事敢于说"不"的主观意愿倾向。没有兼职企业,跟着趋势投赞成票,相安无事地守住独立董事席位,投了反对票,有被辞退的风险,因此不愿说"不";无海外经历,没有接受过海外经营教育理念,坚守着国内保守的人情联系,不能说"不";无专业技术,在做与主营业务相关的决策时没有发言权。因此,在 GQY 视讯中,真正妨碍独立董事价值实现的关键因素是独立董事不愿意说"不"。

针对此问题,一方面,企业可以提高接受过海外经营理念,或者身兼多职且不在乎被辞退的独立董事的比例,从而提高独立董事群体敢于说"不"的概率。另一方面,在现有独立董事水平上,设立说"不"奖励制度,只要独立董事提出的反对意见合理就给予一定的奖励,积极鼓励独立董事说"不",使董事会的决策思考更加周全,考虑得更加细致,决策的科学性更高,至少不会在类似"跑车战略"事件中用脚投票,贻笑大方了。

除独立董事行为特征分维度外，治理效果分维度排名第 73 位，接近中等位置，其中前三位高管薪酬共 2 232 800 元，超过平均水平 1 817 244 元，且董事长和总经理两个岗位为同一人，即大股东郭启寅。治理效果只是一种结果，其作用主力依然是独立董事，如果独立董事是不惧风险且立足监督者的立场敢于提出反对意见的行为主体，面对两职合一等问题时，尤其是大股东、董事长和总经理是同一个人的情景，更应该指出结构设置的不合理性(容易产生代理问题)，及时予以纠正。因此，归根结底，打造一个积极主动且敢于说“不”的独立董事群体是改变 GQY 视讯现有治理现状最有效的手段之一。

第9章　独立董事价值提升的策略研究

通过对前述独立董事嵌入履职企业的模式及价值评估体系的研究，我们发现，独立董事嵌入模式对企业绩效具有重要影响：独立董事规则嵌入对企业绩效具有负向影响；独立董事能力嵌入对企业绩效的提高具有促进作用；民营企业和国有企业中的独立董事的网络嵌入具有不同的影响机理。因此，本书基于独立董事制度和其发挥作用的机制对企业和独立董事本身提出以下几点对策建议。

9.1　合理规范独立董事聘任制度

企业在聘任独立董事的过程中，应杜绝盲目追求“行业专家”的行为，合理设置“行业专家”的薪酬，避免过高的费用支出，因为这不利于企业经营收益的提高。各企业应遵循“能岗匹配”的原则，分析最适合企业目前发展现状的独立董事的专业背景，衡量不同类型的独立董事如政府类、支撑类、管理类对企业所起的不同作用，并在此基础上做出科学合理的判断。

独立董事制度作为监督机制引入国内企业董事会，为企业发挥监督、咨询和顾问的作用。企业对独立董事个人能力和素质有较高的要求，是因为独立董事能力的优劣会直接对企业的决策过程产生影响。在国有企业中，其任命独立董事的方式的特殊性往往导致企业在聘任独立董事的过程中忽略了“能职匹配”的重要性，盲目聘请具有较好声誉的行业专家作为企业的独立董事，但过于臃肿的独立董事团队并没有起到应有的作用，更不能发挥“1＋1＞2”的作用，反而出现了“三个和尚没水喝”的情况。大部分企业都有一个通病，即过分追求“行业专家”和“名人效应”，并且为此支付了大额的薪酬，却忽略了独立董事个人精力和时间的有限性，从而出现了独立董事专业能力与企业每股收益呈负相关的负面效果。目前，独立董事的专业水平普遍较高，不仅具有较高的个人能力素质，而且也不乏各行业的专家。对此，本书的研究给予国内企业以下几点启示：

首先，我国证监会及相关部门应对独立董事聘任制度进行适当规范，出台相应的标准，为更好地发挥独立董事的独立性提供政策上的支持，从而控制公司董事会中独立董事的人数，适当调整独立董事薪酬，防止企业费用的过高支出。民营企业要尽快适应规范的上市公司董事会治理机制，加强与独立董事的沟通，提高企业治理水平和决策效率。其次，企业更应该关注的是独立董事的个人综合能力和素质，而不是盲目追求行业专家。企业需要的是能人而非专家，也非立足于专家。再次，对独立董事各方面素质进行综合评估，包括性别、年龄、学历及专业等，选择复合型独立董事，在尊重个人专业特长的前提下，要求独立董事进行基本的财务、法律、公司治理流程的理论培训及实践参与，不能仅仅停留在上交所、深交所的资格培训层面；还要求独立董事有意识地提高自己对履职行业和企业的了解与认识的程度。最后，对民营企业选聘独立董事来说，建立合理的独立董事应聘机制是十分必要的。股东作为被监督者，聘任监督者来监督自己，本身就存在较大的弊端，难以保证独立董事的独立性。在这种情况下，企业经营者与独立董事在经营过程中若产生意见分歧，会造成工作角色的冲突。因此，应在聘任独立董事的过程中更关注对独立董事能力的甄选，因为相较于监督能力来说，独立董事的专业能力的作用更为显著。

另外，在具备同等个人素质的条件下，优先选择拥有较丰富的社会网络资源的独立董事，以优化公司董事会结构，提高监管效应。因为能够在多家任职的独立董事的声望和影响力一般较高，在网络中的中心度位置较好，受大股东的影响较小，其有更强的监管动机和能力以维护个人的声誉和社会地位，提高公司效益，促进共享收益的获取。同时，我们还要关注独立董事个人素质为企业带来的促进作用，坚持“精”选，而非“量”化。由于单个独立董事所拥有的丰富的社会网络资源对企业经营绩效的提高有显著的促进作用，政府应鼓励企业聘请那些有丰富网络资源和具备战略决策潜力的独立董事，这样可以提升企业连锁关系的质量和企业在连锁董事网络中的“质”中心度，从而可以在战略维度上有效提升企业的资源获取能力。并且，在跨行业和跨地区的企业中任职的独立董事能有效规避企业间战略趋同的风险，有利于企业跳出战略思维禁锢。同时，政府相关部门应该适度限制企业聘请“趋同”董事，鼓励企业跨行业、跨地区聘请董事，这可以在一定程度上提升企业在连锁董事网络中的嵌入质量，优化企业在连锁董事网络中的嵌入结构，避免企业陷入过度嵌入陷阱；在法律法规或监管体制层面，通过对独立董事制度、市场行为等的重构规范，制订严格的惩罚措施，以提高董事个人素质水平和自我约束意识，抑制连锁董事所带来的不良影响——合谋、欺诈等。

9.2 实现独立董事个人能力与工作角色相匹配

从回归结果中我们发现，独立董事在嵌入企业的过程中并未发挥其应有的职责，独立董事个人综合能力和素质对公司治理固然重要，但是这需要建立在规范的企业治理结构中。从结果中我们还可以发现，独立董事尽责机制并不完善，履职过程还须明确、细化。回归结果不显著的重要原因可能是独立董事并未将个人能力与职责相统一，没有充分认识到自身所应扮演的工作角色和承担的职责内容，从而造成“能岗不匹配”问题，独立董事也因此被质疑“不作为”和“不专业”等。为从根本上解决以上问题，独立董事应明确自身的职责和应尽的义务，合理安排时间和精力来完成相应的工作。事实上，独立董事嵌入企业的过程对企业绩效提高的促进作用并不显著，一方面可能是由于企业自身的能力和专业素质不够，另一方面可能是由于自身工作角色混淆。工作角色混淆即独立董事在履职过程中，对工作目标、流程及绩效标准都不熟悉，而且时间、精力有限让他们不能获取履职企业全部的信息，导致其工作效率低下，难以发挥监督或者咨询的作用，甚至制约企业决策过程，更为严重的是有可能触犯相关法律法规。另外，独立董事有限的工作时间造成他们对企业相关的经营思想和文化等方面缺乏了解，因此可能会与企业管理层之间产生不必要的治理理念上的冲突，造成独立董事工作角色冲突的情况发生，这进一步制约了其价值的发挥。

因此，对企业来说，在甄选独立董事过程中应尽可能地帮助独立董事明确自身的职责、应尽的义务及工作过程中的角色定位。同时，企业需要建立便捷的信息传递过程，解决独立董事工作过程中遇到的信息不对称的问题，包括主动向独立董事提供企业日常经营管理、财务状况等让他们进行企业经营情况诊断的必要信息，给予独立董事信息充足的资源，使其快速嵌入企业内部，发挥其应尽的职责，从而尽可能地发挥独立董事制度的作用。总之，要让独立董事有明确的任务，以及让他们了解完成该项任务所必需的流程与方法。独立董事要想在日常工作中循序渐进地嵌入履职企业中，应从了解自身工作职责出发，收集履职企业各方面的资料，掌握企业实际的需求，参与各项决策会议。同时，要充分利用自身的能力和专业素质，在了解企业的基本经营情况和需求后，为企业提供力所能及的服务。再通过嵌入企业外部网络的资源，提升企业战略决策的效率和质量水平。然而在这个过程中，独立董事应形成一种嵌入的形式，不能一蹴而就，为企业"填鸭"大量资源，这样不仅不能达到很好的效果，反而有可能导致企业过度依赖外部人际资源，形成惰性，进而丧失活力。

9.3 基于公司治理转型背景审视独立董事制度的发展

中国独立董事制度的建立和发展是在中国经济社会体制转型大背景下逐步展开的，为了适应现代企业制度对治理结构的要求，中国企业的公司治理结构应该由"行政型治理"向"经济型治理"转型，但现实的步伐明显滞后于宏观经济社会转型的进程，即使在充分竞争的行业与市场经济高度发展的地区，很多国有企业和民营企业还带有典型的"行政型治理"特征，通过行政化的方式配置资源、任免高管、设置经营目标，甚至过度追求"政治联系"，而独立董事制度就是企业"行政型治理"的重要手段之一。部分企业喜欢聘任退休的官员担任独立董事，聘任独立董事时也接受地方政府金融管理部门的"指派"，甚至会为了迎合地方政府的偏好，被动"股改"，被动"上市"，在形式上打造规范的公司治理结构，而忽视独立董事制度等对企业发展带来的真实价值。造成这一现象的主要原因在于政府拥有稀缺资源的配置权。因此，要切实发挥独立董事制度的作用，就必须通过加速外部制度环境的变迁，加快中国公司治理的转型速度。只有深刻理解中国公司治理转型的方向与路径，才能真正引导独立董事制度向有利于企业长远发展的模式演进。

第 10 章　结论与后续研究方向

10.1　研究结论

本书对独立董事的研究主要分为两部分：一是在第 3、4、5 章中，进行独立董事嵌入履职企业的前期探索性研究；二是在第 6、7、8 章中，针对独立董事进行 SCP 框架下的价值评估体系研究。因此，根据两部分的研究内容，得出以下结论。

10.1.1 独立董事嵌入模式的研究结果

本书在研究独立董事制度和个体特征对企业绩效的影响的基础上，从独立董事“规则嵌入—能力嵌入—网络嵌入”的整体分析范式入手，分析了独立董事嵌入履职企业内部的动态过程、个体行为等微观机理，并立足于网络嵌入理论，建立了独立董事嵌入与企业绩效的关联模型，再通过计量模型对独立董事三种嵌入模式对全样本、国有企业样本和民营企业样本的绩效的影响分别进行实证研究，从而得到独立董事三种嵌入模式的效果。从回归结果中我们可以看出，独立董事嵌入在国有企业样本和民营企业样本中的结果出入很大，主要是因为两种企业的经营模式有差异，对独立董事的要求和目标设定也不一致，从而得到不一致的结果。本书将独立董事性别、年龄和学历作为综合能力的测量指标，并设置相应的分值，得到独立董事的综合能力分数，区分独立董事能力和专业素质，明确“能人非专家”的观念，并分别进行实证检验。另外，本书将独立董事总兼职数与最大兼职数和最小兼职数区分开来，探究独立董事制度的引进究竟是个人效应还是团队作用，独立董事个人能力的不足是否会影响整个独立董事制度作用的发挥。通过对面板数据的检验分析，本部分得到以下研究结果：

第一，独立董事规则嵌入对企业绩效呈现部分负向影响作用，因此适当控制独立董事的人数和比例十分必要。独立董事在规则嵌入过程中，由于时间和精力的限制，无法快速有效地嵌入企业内部，为企业做出准确且有价值的判断和建议。过于臃肿的独立董事团队会导致效益的下降，且由于部分独立董事过度依赖团队，影响整体价值的发挥，还会给企业带来较大的经济压力。另外，人数过多的独立董事团队很有可能会出现意见趋同现象，部分独立董事为了工作便利性依附于其他独立董事，这不利于企业绩效的提高。

第二，独立董事个人综合能力对企业绩效有重要作用。本书创新性地结合性别、年龄和学历对独立董事综合能力进行评价。结果显示，独立董事综合能力对企业绩效的提高有显著促进作用。企业在聘请独立董事的过程中应该关注对独立董事个人能力素质的测量，尽可能地选择 40～50 岁具有高学历的独立董事，并注意性别比例的协调，适当增加女性独立董事的比重。选聘过程中，应杜绝盲目追求行业专家的行为，合理设置行业专家的薪酬，避免过高的费用支出，否则不利于企业经营绩效的提高。

第三，在聘任独立董事的过程中，注重“精”选而非“量”化。独立董事个人最大兼职数即个人所拥有的资源越多，对企业产生的作用越大，这说明独立董事个人的价值体现对企业较有意义。企业在选择居于网络中心性的独立董事时还应该注重对独立董事个人综合能力的衡量，选择最符合企业需求的能人。只有资源但是个人能力不足并不能为企业带来最大价值的帮助；而个人能力突出，但是网络资源不够，能为企业提供的资源也是有限的。另外，企业应摒弃通过人数累积而达到网络资源最大化的思想，聘任一个“诸葛亮”的价值远远大于聘请三个“臭皮匠”所带来的群体效益。

第四，对于民营企业来说，建立合理的独立董事应聘机制是十分必要的。被监督者聘任监督者的聘任方式存在较大的弊端，难以保证独立董事独立性的发挥。另外，这种聘任方式的弊端体现在企业股东与独立董事在经营过程中的目标分歧。大股东追求企业利益的最大化，而独立董事在工作过程中要执行监督的职能，这导致两者理念上的不统一，从而造成了独立董事在董事会中占比越重，企业经营绩效越差的情况。对于股权结构相对单一的民营企业来说，其代理人中家族成员的占比较高，此时相较于监督能力来说，独立董事的专家咨询能力更为显著，因此在聘任独立董事的过程中更应关注对独立董事能力的考察。另外，民营企业应该尽快适应目前的上市公司治理结构，建立有效率的董事会决策机制。

第五，对于国有企业来说，由于企业内部的复杂股权结构而设立的独特招聘机制，即由国资委任命独立董事的方式，可能会导致独立董事人数并不符合企业实际需求的数量及独立董事的能力不符合对人才能力的要求，从而造成人员冗余、资源浪费、投入过高，影响企业绩效的提高。而实证结果也恰恰证明了在国有企业中独立董事人数与企业每股收益呈现显著负相关的关系。因此，国有企业在进行独立董事聘任过程中应该遵循“能岗匹配”的原则，注重企业最真实的需求，避免过分追求行业专家而耗费过多的企业资源。另外，国有企业须控制独立董事的人数和比例，适当调整独立董事的薪酬，从而在最大限度上提高企业绩效。

10.1.2 独立董事价值综合评估的研究方法

(1)评估体系的构建机理

厘清独立董事发挥价值的过程是全书的难点。本书选择在公司治理领域引入同样用于分析复杂行为的 SCP 框架来分析这个包含诸多复杂信息的过程集合。借鉴产业经济学中分析产业组织行为的 SCP 范式，本书将市场定位成单个企业，将企业行为转化成独立董事具体的行为，发现以下的 SCP 关系：企业制度结构决定独立董事的工作态度，并影响独立董事具体的监督行为，不同的行为组合会产生不同的治理效果，治理效果又作用于企业的发展。具体而言，独立董事发挥价值的过程始于合理的制度结构，包括股权结构、董事会结构。独立董事制度的制度环境构建了行为主体的基础的行为框架，制度基础中的硬性规定限定了独立董事的行为范围，软性规定(各个企业的股权结构和董事会结构都是不一样的)决定了独立董事的监督态度，影响其监督行为的选择。但是制度的作用在于影响，价值的实现主要是通过人的行为来传递的，在履职者主观意愿和客观能力共同协作的情况下才会产生有效的监督，意愿和能力的差异通过监督行为的选择表现到治理效果中。在公司治理领域引入 SCP 框架可以初步厘清独立董事发挥价值的过程，在此基础上构建的评估框架基本上涵盖了独立董事价值实现的各个环节。

(2)三个维度的有效性

独立董事价值评估体系以独立董事发挥价值的 SCP 过程为指标选择的框架，针对不同维度下不同影响因素选择指标，获取数据。这样的指标框架选择既将价值实现的过程模块化、指标化，又将测量指标差异化、具体化，即考虑到企业异质的同时也尽量争取追踪到独立董事失效的具体原因。在机理分析的基础上，将独立董事价值的实现划分为制度结构、行为特征及治理效果三个维度。独立董事的作用在于监督企业内部的机会主义行为，而产生机会主义行为的主体往往是有权力的股东，如总经理、董事等，这些因素影响着独立董事监督行为的选择和监督意愿，所以在制度结构分维度分析上需要考虑到企业内部的股权结构、董事会结构及直接作用于独立董事行为的独立董事制度。具体衡量指标分别为股权结构——第一大股东持股比例、第二至五大股东持股比例和，董事会结构——董事会人数、执行董事与独立董事之比，独立董事制度——独立董事工作地一致度、董事长持股比例、总经理持股比例、独立董事平均津贴、独立董事人数、独立董事比例。在行为特征分维度方面，一要注意履职者主观意愿上是否愿意去监督，二要考虑履职者客观能力上是否能产生监督效率。具体衡量指标为出勤情况(缺会频率)，独董意见(否决次数)，综合能力——专长(学历平均得分、职业丰富度)、经验(不同专业背景的独立董事比例)、声誉(独立董事人均兼职数)。在治理效果分维度方面，独立董事主要发挥监督职能，降低内部代理成本，并不直接参与公司的日常经营决策，并不用直接对公司绩效负责，因此独立董事发挥作用的直接效果体现在对代理成本的抑制作用方面，具体衡量指标为第一类代理成本——对 CEO 的约束情况(高管薪酬率)，第二类代理成本——大股东掏空水平(两权分离度)，第三类代理成本——违规情况(违规通报次数)，第四类代理成本——两职合一(总经理与董事长的一致度)。

(3)评估结果的有效性

本书采用的是综合评估研究方法。这个方法有别于其他评估研究方法，具体的特征有以下几点：第一，立足客观数据，运用熵值法，根据数据提供的信息量的多少进行权重设计，过滤了主观评估产生的情感误差，且容易操作。得出的权重系数显示，138 家民营上市公司的股东、董事和总经理持股比例存在差异，且在 0～70%范围内变动，其表明浙江民营上市公司的大股东、董事长和总经理这三个职位可能为同一人。而样本的独立董事中具有财务或会计背景的独立董事的持股比例几乎没有差异，权重较低；具有其他职业背景的独立董事的持股比例则差异明显，说明其他职业背景的独立董事选择的自由度较高，权重较高。同时，独立董事出席会议的数据显示，大部分独立董事都会准时参加会议，且基本不会持反对意见。第二，在指标显示方面，我们将所有评估对象进行排序，可以明确各个企业在行业内或者地区内的实际治理地位，形成理论标杆。结果显示，综合评估得分排名的前 20 名，大多因其制度结构分维度和行为特征分维度得分较高，而取得较高的名次，并且其 SCP 分维度中至少有 1 个维度在行业中处于优势地位。第三，立足大样本数据，通过评估指标的构建，探索评估指标与企业绩效的关系。研究结果显示，独立董事价值综合评估指标与企业每股收益呈正相关关系，主要表现在治理效果分维度方面，而制度结构分维度和行为特征分维度则与每股收益没有显著关系。但在综合评估得分中，治理效果分维度得分对综合得分的贡献却不大。因此，在指标体系中，行为特征分维度最重要，其次是制度结构分维度，但真正引起企业绩效发生变化的是独立董事监督行为所带来的治理效果，这证明了 SCP 框架所包含的关系：企业制度结构决定独立董事的工作态度，并影响独立董事具体的监督行为，不同的行为组合会产生不同的治理效果，治理效果又作用于企业的发展。上述关系在稳健性检验中依然成立。

10.1.3 应用价值部分

本书立足浙江民营上市公司的治理现状，借助大样本数据推进独立董事价值评估体系的实务化和本土化，并通过具体的数值和排名反映各个企业独立董事制度的运行状况，企业再根据实际需求和操作的难易程度进行修正，通过内部治理水平的提高促进企业发展。

其一，科学合理的制度结构、独立董事尽责履职的行为特征及监督四类代理成本所获得的治理效果，与独立董事整体价值的实现存在显著的依存关系，其中独立董事的传导机制——独立董事尽责履职的行为特征尤其重要，是独立董事价值实现过程中最关键的环节，其他依次是科学合理的制度结构、监督四类代理成本所获得的治理效果。

其二，本书运用聚类分析发现，研究样本可以大致分为三类，由此可见，浙江民营上市公司的独立董事价值的实现程度存在一定的差异，且造成独立董事价值评估体系的各价值实现环节的得分不均衡分布。

第一层次，综合排名第一的贝因美表现出这样一种控制权和股权的分配模式：企业内最有可能掌握控制权的董事长和总经理不是同一个人，他们各自行使自己的决策或执行权力，总经理适度持股，董事长不持股。这样一方面，总经理适度持股可以将企业的长远利益与总经理的个人利益绑定，激励总经理努力工作。另一方面，一定程度上保障董事会具有高度的独立性，有利于其发挥有效的监督作用，比如适当降低了独立董事被董事长或总经理“绑架”的可能性，保障了独立董事选聘和决策的独立性。

第二层次，在企业实际经营中，独立董事出于自身利益的考虑，会尽量避免在发表独立意见时说“不”，这容易让独立董事变成“顺从”于控制人的“签字董事”。因此，说“不”是显示独立董事尽责履职很重要的行为表现，一个敢于在大形势下开口说“不”的独立董事，其意见很有可能是经过深思熟虑的、能够反映个人态度的、最真实的独立性意见。这意味着独立董事可以不受他人因素的影响而发挥其应该发挥的职能作用。

第三层次，该层次中的评价样本虽然得分并不高，但这些样本的分数主要集中在第一大股东持股比例和总经理持股比例上，即大股东不绝对控股、总经理少量持股的模式可以促进独立董事价值的实现。上述表明，大股东和总经理这两类最有可能掌握民营企业控制权的力量，应尽可能不控股，不绝对掌控企业决策权，否则会弱化监督力量。但是，高管团队是企业日常经营的执行力量，可以不控股，但需要少量股权激励，这样能够使总经理自身与企业拥有更多共同利益，使总经理的个人利益与公司的长远利益按照相同方向发展。

其三，企业对四类代理成本的制约效果并不是独立董事的监督行为产生的结果。独立董事的行为特征分维度得分排名与抑制四类代理成本的治理效果分维度得分排名之间是弱负相关关系，具体表现为卧龙电气治理效果分维度得分在研究样本中排名第一，但是其独立董事价值综合评估得分却排到了第 16 位，表明独立董事虽然承担了法律规定的义务和责任,但更多的却是被动履行法律规定的义务,保证形式上完成硬性工作要求,而并没有主动发挥监督降低代理成本的实质性作用,这在一定程度上支持了独立董事失效的论断。

其四,在综合评估得分中,治理效果分维度得分对综合得分的贡献不大,但是在企业绩效的回归分析中,真正影响公司绩效的反而是治理效果维度,这说明即使治理效果分维度在独立董事价值综合评估指标中占比小,但是真正对企业绩效产生影响的就是独立董事对企业内部治理行为的改善程度,企业各种制度结构、工作环境和独立董事的职责要求、实际工作表现等因素都是通过公司内部治理行为的改善来作用于企业绩效的,并不是直接作用于企业绩效。因此,企业对制度结构和行为主体具体行为特征的修正方向最后都要落实到对治理问题的防范与纠正上,否则不能对症下药,有可能出现"徒劳无功"的情况,即企业应以防范内部代理问题、改善内部治理机制为目的,从制度结构和行为特征两方面着手进行修正。

10.2　后续研究方向

虽然本书在一些方面取得了重要的研究结果,但也存在一些不足,同时也是未来值得进一步研究的方向。

(1)实证研究方面

第一,在实证研究中,本书选择企业的托宾 Q 值、总资产收益率和每股收益作为企业绩效的衡量指标,用托宾 Q 值和总资产收益率来衡量企业价值,每股收益则是衡量股东收益的指标。在未来的研究中,我们可以选择更换财务数据指标,比如企业的盈余质量及大股东资金占用款。利用这两个财务数据可以研究独立董事嵌入与大股东掏空及盈余质量之间的关系,从而检验独立董事是否起到了监督的作用。

第二,尽管实证研究说明了国有企业在独立董事薪酬上可能出现投入过高的情况,但是由于时间的限制及财务数据的缺失,本次研究并没有对国有企业中独立董事薪酬与企业绩效之间的关系进行进一步的探究。在未来的研究过程中,可以关注这一方面的研究,从国有企业入手,基于独立董事薪酬数据,研究独立董事嵌入效应是否受到薪酬的影响。

第三，在独立董事的规则嵌入模型中，本书最初将独立董事参与董事会会议的次数作为研究变量之一，但是独立董事缺席会议的次数普遍较少，因此出席会议次数的数据并不适合进行实证研究，用案例分析更能说明问题。本书对这部分的研究并不完善，需待进一步探讨。

第四，本书在补充独立董事个人特征数据的时候，删掉了很多个人特征数据缺失的企业。未来，结合更多搜索渠道和信息来源，可以将这部分缺失的数据补充进来，加强数据的可信度和科学性，同时加大研究结果的可信度。

(2)综合评估指标的选择及处理方法方面

第一，考虑到指标的可获得性问题，本书选择的都是可以直接在数据库中得到或者年报中直接披露的指标，但是这些指标有可能只是反映问题的借鉴指标，对变量的衡量是有误差的。例如，测量独立董事独立性的问题时，独立董事的提名者、工资的提议者等指标可以更进一步反映独立董事被“内化”的可能性，可是由于研究者不能进入企业进行追踪研究，只能选择一些类似“工作地一致性”等容易获取的数据来测量。日后的研究需要进一步完善指标体系，尽可能选择一些直接反映变量真实情况的指标。

第二，对于指标的处理方法还不够健全，特别是在权重的确定上还有值得进一步通过统计分析拓展的必要。本书立足客观数据，运用熵值法来确定权重，除此之外，还可以选择以专家打分为主的多准则下的层次分析法，引入模糊数学等更为前沿的综合评估方法优化研究，加强统计结果的科学性。

第三，对于模型的应用研究还不够健全。一个理论框架是否具有实践意义，需要进行大量的实证性研究，本书在进行实证性研究时，仅仅收集了 2014 年度浙江民营上市公司的数据。这是本书的一个不足之处。在后续研究中，我们可以将研究的范围不断拓宽，构建一个经得起实证考验的稳定的综合评估体系。

(3)高管连锁网络研究方面

立足社会网络视角解析包括董事在内的高管连锁网络对企业绩效的作用机制是未来可行的研究方向。董事在多个企业兼任形成的连锁现象是当前公司治理发展的一个新趋势，国外连锁往往集中在董事之间，而中国企业表现为“董、监、高”等高管团队在企业之间的兼任现象，其结果就是让企业之间形成了一个由人员兼任而连接成的网络，如图 10-1 所示。

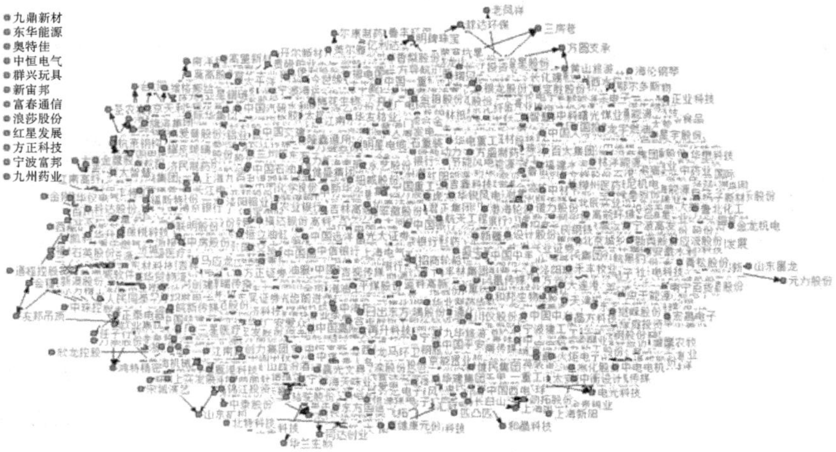

图 10-1　2014 年中国上市公司高管连锁网络

尽管这类网络同样会对企业之间扩散知识、引入资源带来积极的作用，但是这种网络结构将会使董事会成员自身权力属性变得多元化和复杂化，加大董事会内部权力制衡和监督的难度，甚至会形成上市公司高管之间的“圈子”，最终导致腐败。事实上，当前中国企业腐败案件呈现出集团化、网络化的特征，也就是形成了依靠权力非法获得利益的“圈子”，较著名的有中石油窝案、中移动窝案、深航窝案等。立足公司治理视角，这种腐败窝案背后的共性往往是母子公司、关联公司之间交叉任职形成了连锁网络，它大大降低了公司治理的监管力度，带来了串谋风险。立足当前中国企业的外部监管环境，对企业内部董事成员的兼任行为进行适当约束更有利于明晰董事会内部的运行机制，有利于监督经理人行为，有利于规避“内部人控制”现象，其中一个最具有操作价值的策略就是在独立董事甄选过程中，选择没有兼任的专业人员担任独立董事，这将会大大增强该独立董事的监督效率和监督力度。

（4）连锁董事权力制衡方面

随着监管层面的逐步规范，公司的股份呈现分散化趋势，董事会逐渐成为公司权力中心，执掌了公司的日常运作、内部信息，对公司经营决策具有重要影响。此时，董事自身的经营管理能力和个人素质对公司经营发展起着举足轻重的作用。独立董事若能通过连锁董事网络为企业获取发展所需的稀缺资源，就决定了独立董事在董事会中的重要地位。比如，国外资本市场投资者通常很看重企业的独立董事“质量”，企业拥有的独立董事的名气越大、声望越高，该企业获取外部投资的机会就越多，投资机构就越倾向于向该公司投资。国外拥有成熟的独立董事制度体系，人们的共识是有名望的人士愿意出任某企业的独立董事，就说明该企业经营较好。因此，国外企业多聘请有名望的成功人士担任企业的独立董事，以彰显自身的社会地位。企业独立董事“质量”的好坏直接影响着该企业在社会上的地位及对资本的吸引力。而连锁董事网络的形成，使得当连锁董事在社会网络组织中处于中心位置，且网络结构洞丰富时，其获取稀缺资源、社会声誉和掌握信息流动的能力更强，对企业的影响更大。基于此，连锁董事就拥有了对抗股东会的权力资本。本书研究表明，大股东作为公司所有者，存在掏空上市公司的行为。针对此，我们后续可以从股东与连锁董事权力制衡的角度，深入研究影响两者相互作用的因素及内在制衡机理，探索公司治理领域研究的新方向。

参考文献

曹洋，林树，2011. 会计专业人士担任独立董事的效果研究[J]. 山西财经大学学报，33(2)：109-117.

曹宗平，2004. 独立董事与监事会的缺失、矛盾及其整合[J]. 经济学家(2)：61-65.

陈德萍，曾智海，2012. 资本结构与企业绩效的互动关系研究：著于创业版上市公司的实证检验[J]. 会计研究(8)：66-71.

陈冬华，齐祥芹，2010. 地区制度环境与部分民营化绩效：来自我国上市公司的经验证据[J]. 当代会计评论，3(1)：36-66.

陈钦约，2010. 基于社会网络的企业家创业能力和创业绩效研究[D]. 天津：南开大学.

陈仕华，姜广省，卢昌崇，2013. 董事联结、目标公司选择与并购绩效：基于并购双方之间信息不对称的研究视角[J]. 管理世界(12)：117-132.

陈仕华，李维安，2011. 公司治理的社会嵌入性：理论框架及嵌入机制[J]. 中国工业经济，279(6)：99-108.

陈仕华，卢昌崇，2014. 国有企业党组织的治理参与能够有效抑制并购中的“国有资产流失”吗？[J]. 管理世界(5)：106-120.

陈仕华，2009. 公司治理的社会嵌入性：来自连锁董事的启示[J]. 经济管理，460(4)：50-56.

陈伟民，2009. 独立董事职业背景与公司业绩[J]. 管理世界(3)：182-183.

陈晓红，黄勇，2006. 独立董事报酬水平和薪酬结构设计分析[J]. 证券市场导报(5)：45-48.

陈雅娜，2014. 连锁高管与公司盈余管理行为的传染效应[J]. 财会通讯

(5):61-64.

陈运森,谢德仁. 2012. 董事网络、独立董事治理与高管激励[J]. 金融研究(2):168-182.

陈仲常,刘佳,林川,2009. 中国上市公司董事会特征与公司业绩的实证分析[J]. 经济与管理研究(11):43-48.

池国华,迟旭升,2003. 我国上市公司经营业绩评价系统研究[J]. 会计研究(8):45-47.

池国华,王志,杨金,2013. EVA 考核提升了企业价值吗?:来自中国国有上市公司的经验证据[J]. 会计研究(11):60-66.

丛春霞,2004. 我国上市公司董事会设置与公司经营业绩的实证研究[J]. 管理世界(11):142-143.

崔伟, 陆正飞,2008 . 董事会规模、独立性与会计信息透明度:来自中国资本市场的经验证据[J]. 南开管理评论(2): 22-27.

杜兴强,周泽将,2010. 制度环境、公司治理与独立董事:依据伊利股份案例的研究[J]. 审计与经济研究(6):75-82.

段海艳, 仲伟周,2008. 网络视角下中国企业连锁董事成因分析[J]. 会计研究(11): 69-75.

段海艳,2009. 连锁董事关系网络对企业绩效影响研究[J]. 商业经济与管理(4):38-44.

段海艳,2012. 连锁董事、组织冗余与企业创新绩效关系研究[J]. 科学学研究,30(4):631-640.

段云,2012. 基于大股东视角的董事社会网络嵌入性与董事会有效性研究[J]. 预测(6):13-20.

范建红,陈怀超,2015. 董事会社会资本对企业研发投入的影响研究:董事会权力的调节效应[J]. 研究与发展管理,27(5):22-33.

傅代国,夏常源,2014. 网络位置、独立董事治理与盈余质量[J]. 审计与经济研究(2):67-75.

高雷,罗洋,张杰,2007. 独立董事制度特征与公司绩效:基于中国上市公司的实证研究[J]. 经济与管理研究(3):60-66.

高明华,马守莉,2002. 独立董事制度与公司绩效关系的实证分析:兼论中国独立董事有效行权的制度环境[J]. 南开经济研究(2):64-68.

高雯,2008.浅析上市公司独立董事独立性的现状及其对策[J].经管学苑(2):116-119.

龚辉锋,2011a.上市公司董事会特征与公司绩效实证研究[J].商业研究,414(10):56-62.

龚辉锋,2011b.上市公司董事会特征与公司绩效的关系研究[J].重庆工商大学学报(社会科学版),28(4):17-26.

龚明晓,周文华,2010. 企业社会责任报告评价体系的初步研究[J]. 上海立信会计学院学报, 24(1): 54-60.

龚玉池,2001.公司绩效与高层更换[J].经济研究(10):75-82.

郭强,蒋东生,2003.不完全契约与独立董事作用的本质及有效性分析:从传统法人治理结构的缺陷论起[J]. 管理世界(2): 78-89.

郭晓丹,2005. 多元激励下独立董事制度的完善[J]. 东北财经大学学报(2):48-50.

韩洁,田高良,杨宁,2014.连锁董事与并购目标选择:基于信息传递视角[J].管理科学,27(2):15-25.

韩炜,薛红志,2008. 基于新进入缺陷的新企业成长研究前沿探析[J].外国经济与管理,30(5): 14-21.

韩忠明,吴杨,谭旭升,等,2015.社会网络结构洞节点度量指标比较与分析[J].山东大学学报(工学版),45(1):1-8.

韩忠雪,崔建伟,王闪,2014.技术高管提升了企业技术效率吗? [J]. 科学学研究,32(4):559-568.

郝云宏,甘甜,林仙云,2014.独立董事的身份对企业绩效的影响[J].管理学报,11(4):520-524.

郝云宏,林仙云,王淑贤,2013. 基于工作角色视角的独立董事尽责机理与实证检验[J]. 商业经济与管理(7):20-27.

郝云宏,周翼翔,2010.董事会结构、公司治理与绩效:基于动态内生性视角的经验证据[J].中国工业经济(5):110-120.

胡金焱,张博,2014.社会网络、民间融资与家庭创业:基于中国城乡差异的实证分析[J].金融研究(10):148-163.

胡勤勤,沈艺峰,2004.后资本结构理论的形成与发展:资本结构管理控制理论及其验证[J].厦门大学学报(哲学社会科学版)(4):45-52.

胡奕明,唐松莲,2004. 独立董事与上市公司盈余信息质量[J]. 管理世界(9):149-160.
黄文锋,张建琦,2016. 董事会权力等级、战略性资源配置变动与公司绩效[J]. 中山大学学报(社会科学版),56(4):192-201.
霍增辉,2011. 上市公司独立董事特征与内部控制信息质量的关系[J]. 财会月刊(12):12-15.
简新华,石华巍,2006. 独立董事的“独立性悖论”和有效行权的制度设计[J]. 中国工业经济(3):60-67.
江伟,2011. 董事长个人特征、过度自信与资本结构[J]. 山西财经大学学报,482(2):78-85.
蒋德权,章贵桥,俞俊利,2016. 高管网络、产权性质与企业投资效率[J]. 山西财经大学学报,38(10):75-88.
孔翔,2002. 中外独立董事制度比较研究[J]. 管理世界(8):88-96.
孔玉生,徐细振,朱乃平,2006. 我国上市公司独立董事薪酬分析[J]. 会计之友(15):64-65.
李维安,蒋神州,牛建波,2012. 信息成本、独立董事声誉与公司绩效[C]. 大连:第六届公司治理国际研讨会.
兰玉杰, 马莉,2009. 上市公司独立董事评价制度研究[J]. 经济学动态(10):66-69.
李斌, 张耀南,2005. 上市公司独立董事评价指标体系和评价指数设置[J]. 世界经济, 27(10):66-72.
李海舰, 魏恒,2006 . 重构独立董事制度[J]. 中国工业经济(4):88-97.
李汉军,张俊喜,2007. 董事会独立性和有效性的动态分析[J]. 南开经济研究(6):61-75.
李洪,李倩,2010. 独立董事治理特征与企业绩效[J]. 经济管理,32(7):36-43.
李建伟,2004. 独立董事制度研究[M]. 北京:中国人民大学出版社.
李敏娜,王铁男,2014. 董事网络、高管薪酬激励与公司成长性[J]. 中国软科学(4):138-148.
李明竹,2014. 独立董事特征与盈余管理关系研究[J]. 财会通讯(4):43-46.

李前兵,2010.董事长特征、董事会独立性与公司创新绩效[J].现代管理科学(10):61-63.

李维安，王世权,2005. 中国上市公司监事会治理绩效评价与实证研究[J]. 南开管理评论，8(1)：4-9.

李维安，张国萍,2005.经理层治理评价指数与相关绩效的实证研究[J].经济研究，11(1)：8.

李维安,郝臣,2009.中国公司治理转型:从行政型到经济型[J].资本市场(9):112-114.

李维安,林润辉,范建红,2014.网络治理研究前沿与述评[J].南开管理评论,17(5):42-53.

李维安,牛建波,宋笑扬,2009.董事会治理研究的理论根源及研究脉络评析[J].南开管理评论,12(1):130-145.

李维安,孙文,2007. 董事会治理对公司绩效累积效应的实证研究:基于中国上市公司的数据[J]. 中国工业经济(12):77-84.

李维安,周建,2005.网络治理:内涵、结构、机制与价值创造[J].天津社会科学(5):59-63.

李维安,2005.公司治理评价与指数研究[M].北京:高等教育出版社.

李维安,2009.演进中的中国公司治理:从行政型治理到经济型治理[J].南开管理评论(1):1.

李小荣,2009.上市公司独立董事制度探讨:基于深交所建立独立董事信息库的思考[J].财会通讯(9):11-14.

林毅夫,李志赟,2004.政策性负担、道德风险与预算软约束[J].经济研究(2):17-27.

凌梅玲,2007.性别视角下的董事会结构与公司绩效研究[D].广州:华南师范大学.

刘波,王力立,姚引良,2011.整体性治理与网络治理的比较研究[J].经济社会体制比较(5):134-140.

刘浩，唐松，楼俊,2012.独立董事：监督还是咨询?:银行背景独立董事对企业信贷融资影响研究[J]. 管理世界(1)：141-156.

刘亭立,曹锦平,2014. 连锁独立董事对公司绩效影响的实证研究[J]. 财会通讯(3):21-26.

刘亚铮，常建莉，2009. 中小板上市公司董事会特征与绩效关系研究[J]. 中国集体经济(22)：144-145.

娄权，2004. 独立董事是否提高会计盈余的稳健性：来自沪深股市的经验证据[J]. 财会通讯（综合版）(9)：3-8.

卢昌崇，陈仕华，2009. 断裂联结重构：连锁董事及其组织功能[J]. 管理世界(5)：152-165.

卢昌崇，陈仕华，JOACHIM S，2006. 连锁董事理论：来自中国企业的实证检验[J]. 中国工业经济(1)：113-119.

陆正飞，胡诗阳，2015. 股东—经理代理冲突与非执行董事的治理作用[J]. 管理世界(1)：129-138.

罗党论，唐清泉，2006. 独立董事制度实施效果分析：基于上市公司关联交易的证据[J]. 南方经济(9)：65-74.

骆品亮，周勇，郭晖，2004. 独立董事制度与公司业绩的相关性分析：来自沪市A股的实证研究[J]. 上海管理科学(2)：26-29.

马连福，曹春方，2011. 制度环境、地方政府干预、公司治理与IPO募集资金投向变更[J]. 管理世界(5)：127-148.

马连福，石晓飞，2014. 董事会会议"形"与"实"的权衡：来自中国上市公司的证据[J]. 中国工业经济(1)：88-100.

马连福，王元芳，沈小秀，2012. 中国国有企业党组织治理效应研究：基于"内部人控制"的视角[J]. 中国工业经济(8)：82-95.

马连福，2003. 公司治理评价中的董事会治理评价指标体系设置研究[J]. 南开管理评论(3)：15-17.

宁向东，张颖，2012. 独立董事能够勤勉和诚信地进行监督吗：独立董事行为决策模型的构建[J]. 中国工业经济（1)：101-109.

彭正银，廖天野，2008. 连锁董事治理效应的实证分析：基于内在机理视角的探讨[J]. 南开管理评论(1)：99-105.

彭正银，2002. 网络治理：理论的发展与实践的效用[J]. 经济管理(8)：23-27.

曲亮，任国良，2014. "质"的耕耘还是"量"的拓展?：浙江上市公司连锁董事网络对企业绩效的非线性影响[J]. 浙江工商大学学报，127(4)：90-103.

曲亮，谢在阳，郝云宏，等，2016. 国有企业董事会权力配置模式研究：基于二元权力耦合演进的视角[J]. 中国工业经济(8)：127-144.

曲亮，章静，郝云宏，2014. 独立董事如何提升企业绩效：立足四层委托—代理嵌入模型的机理解读[J]. 中国工业经济(7)：109-121.

任兵，区玉辉，林自强，2001. 企业连锁董事在中国[J]. 管理世界(1)：26-35.

任兵，区玉辉，彭维刚，2007. 连锁董事与公司绩效：针对中国的研究[J]. 南开管理评论，10(1)：8-15.

任兵，2005. 连锁董事的企业间网络与公司治理[J]. 首都经济经贸大学学报(1)：38-42.

申富平，韩巧艳，2008. 我国上市公司独立董事选聘机制的重构[J]. 企业经济与管理，29(1)：77-82.

宋丽丽，刘巨钦，2004. 论独立董事独立性悖论的解决及对薪酬设计的启示[J]. 南昌航空工业学院学报(社会科学版)(3)：47-50.

谭劲松，2003. 独立董事"独立性"研究[J]. 中国工业经济(10)：64-73.

谭燕，2007. 独立董事治理作用研究综述[J]. 沿海企业与科技，80(1)：60-64.

唐清泉，罗党论，2006. 设立独立董事的效果分析：来自中国上市公司独立董事的问卷调查[J]. 中国工业经济，214(1)：120-127.

唐清泉，2006. 设置独立董事一定能够提升公司业绩？[J]. 经济管理(1)：32-34.

唐松，孙铮，2014. 政治关联、高管薪酬与企业未来经营绩效[J]. 管理世界(5)：93-105.

唐雪松，马畅，2012. 独立董事背景特征、辞职行为与企业价值[J]. 会计与经济研究(4)：3-13.

唐雪松，申慧，杜军，2010. 独立董事监督中的动机：基于独立意见的经验证据[J]. 管理世界(9)：138-149.

唐跃军，程新生，2006. 信息披露机制评价，信息披露指数与企业业绩：基于 931 家上市公司的调查[J]. 管理评论，17(10)：8-15.

唐跃军，李维安，2008. 公司和谐、利益相关者治理与公司业绩[J]. 中国工业经济(6)：86-98.

田高良,韩洁,李留闯,2013.连锁董事与并购绩效:来自中国 A 股上市公司的经验证据[J].南开管理评论,16(6):112-122.

田高良,李留闯,齐保垒,2011.连锁董事、财务绩效和公司价值[J]. 管理科学,24(3):13-24.

田利辉,张伟,2013.政治关联影响我国上市公司长期绩效的三大效应[J].经济研究(11):71-86.

吴洁,蓝发钦,2009.独立董事制度与公司绩效的相关性研究:基于中国上市公司的一个实证[J].经济论坛(14):120.

宛庆,2011.上市公司独立董事特征与公司业绩研究:来自沪深两市的实验证据[J].财会通讯(9):16-17.

万良勇,胡璟,2014.网络位置、独立董事治理与公司并购:来自中国上市公司经验证据[J]. 南开管理评论 17(2):64-73.

万良勇,郑小玲,2014.董事网络的结构洞特征与公司并购[J].会计研究(5):67-72.

汪平,邹颖,黄丽凤,2014.高管薪酬激励的核心重构:资本成本约束观[J].中国工业经济(5):109-121.

王兵,2007.独立董事监督了吗?:基于中国上市公司盈余质量的视角[J].金融研究(1A): 109-121.

王光荣,李建标,2015.技术连锁董事能促进技术创新吗:来自 A 股制造业上市公司的证据[J].贵州财经大学学报,178(5):60-81.

王丽敏, 王世权,2008.中国民营上市公司监事会治理评价及实证分析[J]. 经济问题探索(11): 120-123.

王明杰,朱如意,2010.上市公司女性董事对公司绩效影响研究[J].财经论坛,305(5):145-148.

王世权, 李维安,2009.监事会治理理论的研究脉络及进展[J]. 产业经济评论,8(1):24-38.

王天习,2005.公司治理与独立董事研究[M].北京:中国法制出版社.

王跃堂,赵子夜,魏晓雁,2006.董事会的独立性是否影响公司绩效? [J].经济研究(5): 62-73.

王跃堂,朱林,陈世敏,2008.董事会独立性、股权制衡与财务信息质量[J].会计研究(1):55-62.

王臻，杨昕，2010. 独立董事特征与上市公司信息披露质量的关系：以深证A股上市公司为例[J]. 上海经济研究(5)：54-63.

魏刚，肖泽忠，NICK T，等，2007. 独立董事背景与公司经营绩效[J]. 经济研究(3)：92-102.

文芳，胡玉明，2009. 中国上市公司高管个人特征与R&D投资[J]. 组织行为与人力资源管理，21(11)：84-93.

武立东，2003. 公司治理评价中股东权益与控股股东行为评价指标设置研究[J]. 南开管理评论(3)：13-15.

武立东，2007. 我国上市公司主动设立独立董事的动机分析[J]. 税务与经济(6)：12-17.

向朝进，谢明，2003. 我国上市公司绩效与公司治理结构关系的实证分析[J]. 管理世界(5)：117-124.

肖曙光，2006. 独立董事制度与我国上市公司业绩的相关性研究[J]. 系统工程(8)：3-45.

萧维嘉，王正位，段芸，2009. 大股东存在下的独立董事对公司业绩的影响：基于内生视角的审视[J]. 南开管理评论(2)：90-97.

谢德仁，陈运森，2012. 董事网络：定义、特征和计量[J]. 会计研究(3)：44-51.

谢德仁，2005. 独立董事：代理问题之一部分[J]. 会计研究(2)：39-45.

谢劼，2006. 董事长与总经理：两职的分离与合一探索[J]. 金融与经济(8)：31-32.

谢永珍，2003. 公司治理评价中的独立董事评价指标体系设置研究[J]. 南开管理评论，3(6)：18-18.

谢永珍，2006. 董事会治理评价研究[M]. 北京：高等教育出版社.

徐碧琳，2002. 上市公司独立董事制度研究：中美上市公司独立董事制度之比较[J]. 外国经济与管理，24(1)：22-26.

徐高彦，2011. 独立董事独立性、关联交易与公司价值：基于沪深两市上市公司的经验证据[J]. 审计与经济研究(4)：77-84.

徐伟，武立东，2005. 基于中小股东权益保护的股东行为评价研究[J]. 华侨大学学报(哲学社会科学版)(2)：15-22.

徐细雄，2012. 晋升与薪酬的治理效应：产权性质的影响[J]. 经济科学

(2):102-116.
薛有志,彭华伟,李国栋.2010.董事会会议的监督效应及其影响因素研究[J].财经问题研究(1):99-105.
杨海兰,王宏梅,2009.上市公司董事会专业委员会的设立及其在中国的现状分析[J].当代经济管理,31(4):92-96.
杨蕙馨,侯薇,王军,2007.上市公司董事会、高管层与公司绩效关系的实证研究[J].财经问题研究(9):30-36.
杨蕙馨,律健,2009.2001 年以来中国独立董事制度演进综述[J].山东经济,155(6):15-23.
杨青,高铭,BESIM B Y,2009.董事薪酬、CEO 薪酬与公司业绩:合谋还是共同激励?[J].金融研究(6):111-127.
杨瑞龙,王元,聂辉华,2013."准官员"的晋升机制:来自中国中央企业的证据[J].管理世界(3):23-33.
杨兴全,孙杰,2008.企业现金持有量影响因素的实证研究:来自我国上市公司的经验证据[J].南开管理评论,10(6):47-54.
杨震宁,李东红,范黎波,2013.身陷"盘丝洞":社会网络关系嵌入过度影响了创业过程吗?[J].管理世界(12):101-116.
姚伟锋,2011.独立董事制度真的有效吗?:基于上市公司行业数据的实证研究[J].经济与金融,23(10):31-36.
叶康涛,陆正飞,张志华,2007.独立董事能否抑制大股东的"掏空"?[J].经济研究(4):101-111.
叶康涛,祝继高,陆正飞,等,2011.独立董事的独立性:基于董事会投票的证据[J].经济研究(1):126-139.
于东智,池国华,2004.董事会规模、稳定性与公司绩效:理论与经验分析[J].经济研究,39(4):70-79.
余峰燕,郝项超,2011.具有行政背景的独立董事影响公司财务信息质量么?:基于国有控股上市公司的实证分析[J].南开经济研究(1):120-131.
俞俊利,金鑫,2015.法律制度、高管网络与外部审计监督[J].重庆大学学报(社会科学版),21(5):82-93.
袁江云,屈美丽,2014.女性董事与盈余管理:来自深交所 A 股上市公司的实证研究[J].商业会计(4):104-106.

曾江洪,秦宇佳,2011.独立董事特质与中小企业成长性:基于中小企业板上市公司的实证研究[J].财务与金融,130(2):64-68.

曾庆芬,宋佳,2011.独立董事制度研究进展及评述[J].财会通讯(1):106-108.

张爱平,凌定胜,2010.独立董事个体特征与公司绩效的相关性研究[J].江西社会科学(3):192-196.

张凡,2003.关于独立董事制度几个问题的认识[J]. 管理世界(2):90-98.

张国萍,徐碧琳,2003. 公司治理评价中经理层评价指标体系设置研究[J]. 南开管理评论,6(3):21-22.

张慧,安同良,2005.中国上市公司董事会学历分布与公司绩效的实证分析[J].经济科学(5):85-89.

张维迎,2011.博弈论与信息经济学[M]. 上海:格致出版社.

张耀伟,2009.董事会治理评价、治理指数与公司绩效实证研究[J]. 管理科学,21(5):11-18.

张益明,张志华,2011.中小上市公司资本结构、公司治理与企业绩效[J].山西财经大学学报,33(11):73-79.

章丹,胡祖光,2013.网络结构洞对企业技术创新活动的影响研究[J].科研管理,34(6):34-41.

赵昌文,唐英凯,周静,等,2008.家族企业独立董事与企业价值:对中国上市公司独立董事制度合理性的检验[J]. 管理世界(8):119-126.

赵德武,曾力,谭莉川,2008.独立董事监督力与盈余稳健性:基于中国上市公司的实证研究[J]. 会计研究(9):55-63.

赵玉洁,2014.董事会规模和结构的影响因素研究[J].山西财经大学学报,36(3):90-100.

赵子夜,2014."无过"和"有功":独立董事意见中的文字信号[J].管理世界,248(5):131-141.

郑方,2011.治理与战略的双重嵌入性:基于连锁董事网络的研究[J]. 中国工业经济(9):108-118.

钟朋荣,2001.独立董事需要激励和约束吗?[J]. 中外管理(5):30-32.

周国林,2008. 上市公司董事会与经营绩效的相关实证研究[J]. 经济管理(8):18-22.

周建锋,温敏,2007. 行为目标偏离、规模扩大与利润率降低:对国有企业规模不经济的一种解释[J]. 重庆工商大学学报(社会科学版),24(2):30-35.

周杰,薛有志,2008. 公司内部治理机制对 R&D 投入的影响:基于总经理持股与董事会结构的实证研究[J]. 研究与发展管理,20(3):1-9.

周良,陈共荣,2011. 独立董事背景特征对其薪酬的影响研究[J]. 求索(3):49-50.

周泽将,2014. 董事会会议、过度投资与企业绩效[J]. 经济管理(1):88-100.

周泽将,2014. 女性董事影响了企业慈善捐赠吗?:基于中国上市公司的实证研究[J]. 上海财经大学学报,16(3):78-86.

AGRAWAL A, KNOEBER C R, 1996. Firm performance and mechanisms to control agency problems between managers and shareholders[J]. Journal of Financial and Quantitative Analysis,31(3):377-397.

AGRAWAL A,KNOEBER C R, 2001. Do some outside directors play a political role? [J]. Journal of Law and Economics,44(5):179-198.

AMASON A C, 1996. Distinguishing the effects of functional and dysfunctional conflict on strategic decision making: resolving a paradox for top management teams[J]. Academy of Management Journal,39(1):123-148.

ARMSTRONG C S,GUAY W R, WEBER J P, 2010. The role of information and financial reporting in corporate government and debt contracting[J]. Journal of Accounting and Economics,50(2-3):179-234.

BARNEA A,GUEDJ I, 2009. Director networks[J]. Working Paper, University of Texas at Austin.

BELSLEY M S, 1996. An empirical analysis of the relation between the board of director composition and financial statement fraud [J]. Accounting Review,71 (4): 443-465.

BERLE A J, MEANS G C, 1932. The modern corporation and private property[M]. New York: MacMillan.

BOYD B K, HAYNES K T, ZONA F, 2011. Dimensions of CEO-board relations [J]. Journal of Management Studies, 48(8): 1892-1923.

BRASS D J, GALASKIEWIEZ J, GREVE H R, et al., 2004. Taking stock of Networks and organizations: a multilevel perspective [J]. Academy of Management Journal, 47(6): 795-817.

BURT R S, 1992. Structural holes: the social structure of competition [M]. Cambridge: Harvard University Press.

BURT R S, 1983. Corporate profits and cooptation networks of market constraints and directorate ties in the American economy [M]. NewYork: Academic Press.

CARPENTER M A, WESTPHAL J D, 2001. The strategic context of external network ties: examining the impact of director appointments on board involvement in strategic decision-making [J]. Academy of Management Journal, 44(4): 639-660.

CEASARE F, GEOFFREY T, 2012. External networking and internal firm governance[J]. The Journal of Finance, 67(1): 153-195.

CHARU G, RAHEJA C, 2005. Determinants of board size and composition[J]. Journal of Financial and Quantitative Analysis, 40(2): 283-306.

CHENCHORAMAIAH T B, RAMESH P R, 1995. The determinants of board composition: an agency theory perspective[J]. Managerial and Decision Economics, 1(16): 59-69.

CORDEIRO J, VELIYATH R, ERAUUS E, 2000. An empirical investigation of the determinants of outside director compensation[J]. Corporate Governance: AnInternational Review, 8(3): 268-279.

DALTON D R, DAILYCM, ELLSTRAND A E, et al., 1998. Meta analytic review of board composition, leadership structure, and financial performance[J]. Strategic Management Journal, 19(3): 269-290.

DAVIDE C, GIOVANNI D B, 2006. Interlocking directorates as a thrust substitute: the case of the Italian non-life insurance industry[J]. Working paper(11):1-24.

DAVIS G F, 1991. Agents without principles? the spread of the position pill through the intercorporate network [J]. Administrative Science Quarterly, 36(2):583-613.

DAVIS J H, SCHOORMAN D, DONALDSON L, 1990. Toward a stewardship theory of management[J]. Academy of Management Review ,22(1):20-47.

DEUTSCH, KEIL T, LAAMANEN T, 2011. A dual agency view of board compensation: the joint effects of outside director and CEO stock options on firm risk[J]. Strategic Management Journal,32(2):212-227.

DOOLEY R S,FRYXELL G E, 1999. Attaining decision quality and commitment from dissent: the moderating effects of loyalty and competence in strategic decision-making teams [J]. Academy of Management Journal,42(4):389-402.

ELIEZER M F,ANIL S, 2006. Are busy boards effective monitors? [J]. The Journal of Finance,61(2):689-724.

FAMA E F,JENSEN M C, Separation of ownership and control[J]. The Journal of Law and Economics, 26(2):327-349.

FAMA E, 1980. Agency problems and the theory of the firm[J]. Journal of Political Economy,88(2):288-307.

FREEMAN L, 1979. Centrality in social networks: conceptual clarification[J]. Social Networks(1):215-239.

GRANOVETTER M S, 1973. The strength of weak ties[J]. American Journal of sociology,78(6):1360-1380.

GRANOVETTER M S, 1985. Economic action and social structure: the problem of embeddedness[J]. American Journal of Sociology,91(3): 481-510.

HACKBARTH D,MAUER D C, 2012. Optimal priority structure, capital structure, and investment[J]. Review of Financial Studies, 25 (3):747-796.

HERMALIN B E, WEISBACH M S, 1991. The effects of board composition and direct incentives on firm performance[J]. Financial Management,20(4):101-112.

HERMALIN B E,WEISBACH M S, 1998. Endogenously chosen boards of directors and their monitoring of the CEO[J]. American Econcmic Review,88(1): 96-118.

HITT M, TYLER B, 1991. Strategic decision models: integrating different perspectives [J]. Strategic Management Journal, 12 (5): 321-355.

Hillman A J, CHNNELLA A A, PAETZOLD R L, 2000. The resource dependence role of corporate directors: strategic adaptation of board composition in response to environmental change [J]. Journal of Management Studies,37(2):233-250.

HOCHBERG Y, LJUNGQVIST A, LU Y, 2007. Whom you know matters: venture capital networks and investment performance [J]. Journal of Finance,62(1): 251-301.

ISHII J, XUAN Y, 2014. Acquirer-target social ties and merger outcomes[J]. Journal of Financial Economics,112(3):334-363.

JENSEN M C, MECKLING W H, 1976. Theory of the firm: managerial behavior,agency costs and ownership structure [J]. Journal of Financial Economics,3(4):305-360.

KARLAN D S, 2007. Social connections and group banking[J]. The Economic Journal,117(517):52-84.

KARLAN D,MORDUCH J, 2010. Access to finanee[J]. Handbook of Development Economics,Amsterdam: North-Holland.

KEISTER, LOPES-DE-SILANES F, SHLEIFER A, 2000. Corporate ownership Around the World[J]. Journal of Finance(54):471-517.

KIM Y, 2005. Board network characteristics and firm performance in Korea[J]. Corporate Governance: An International Review, 13 (6): 800-808.

LEE Y C, WANG M C, 2014. Does the appointment of independent directors drive multiple effects? [J]. International Journal of Business and Finance Research (IJBFR), 8(1):69-88.

LEUNG S, RICHARDSON G, JAGGI B, 2014. Corporate board and board committee independence, firm performance, and family ownership concentration: an analysis based on Hong Kong firms[J]. Journal of Contemporary Accounting and Economics, 10(1):16-31.

LIN J Y, TAN G F, 1999. Policy burdens, accountability and soft budget constraint[J]. American Economic Review, 89(2):426-431.

LIN N, 2002. Social capital: a theory of social structure and action[M]. Cambridge, U.K: Cambridge University Press.

LIPTON M, LORSCH J W, 1992. A modest proposal for improved corporate governance[J]. The Business Lawyer, 48(1):59-77.

MAMAN D, 1999. Research note: interlocking ties within business groups in Israel - a longitudinal analysis, 1974-1987 [J]. Organization Studies ,20 (2):323-339.

MASULIS R W, MOBBS S, 2014. Independent director incentives: where do talented directors spend their limited time and energy? [J]. Journal of Financial Economics, 111(2): 406-429.

MILLSTEIN I M, MACAVOY P W, 1998. The active board of directors and performance of the large publicly traded corporation[J]. Columbia Law Review, 98(5):1283-1321.

MIZRUCHI M S, 1996. What do interlocks do? an analysis, critique, and assesement of research on interloeking direetorates[J]. Annual Review of Sociology(22):271-298.

NGUYEN B D, NIELSEN K M, 2010. The value of independent directors: evidence from sudden deaths [J]. Journal of Financial Economics, 98(3):550-567.

OLIVER J, QU W, WISE V, 2014. Corporate governance: a discussion on minority shareholder protection in China[J]. International Journal of Economics and Finance, 6(3):111-119.

PENG M W, 2004. Outside directors and firm performance during institutional transitions[J]. Strategic Management Journal, 25(5): 453-471.

PODOLNY J M, 2001. Networks as the pipes and prisms of the market [J]. American Journal of Sociology, 107(1): 33-60.

RAVINA E,SAPIENZA P, 2010. What do independent directors know? evidence from their trading[J]. Review of Financial Studies, 23(3): 962-1003.

REDIKER K J, SETH A, 1995. Boards of directors and substitution effects of alternative governance mechanisms[J]. Strategic Management Journal(16):85-99.

RICHARDSON A J, 1987. Accounting as a legitimating institution[J]. Accounting, Organizations and Society, 12(4): 341-355.

SCHAUBROECK J,GANSTER D C, SIM W E, et al., 1993. A field experiment testing supervisory role clarification [J]. Personal Psychology,46(11):1-25.

SHLEIFER A,VISHNY R W, 1997. Large shareholders and corporate control[J]. Journal of Political Economy,94(3 Part 1):461-488.

SHLEIFER A, 1997. State versus private ownership[J]. Journal of Economic Perspectives,12(4):133-150.

SKYRMS B,PEMANTLE R, 2009. A dynamic model of social network formation[J]. PNAS,97(16):9340-9346.

SONHG Y,JI X, LEE C W J, 2013. Ownership balance, supervisory efficiency of independent directors and the quality of management earnings forecasts[J]. China Journal of Accounting Research, 6(2): 113-132.

TANG X,DU J, HOU Q, 2013. The effectiveness of the mandatory disclosure of independent directors' opinions: empirical evidence from China[J]. Journal of Accounting and Public Policy, 32(3):89-125.

THOMAS K,ROBERT G, 1981. Interlocking corporate directorships as a social network[J]. American Journal of Economics and Sociology, 40(1):37-50.

USEEM M, 1984. The inner circle[M]. New York: Oxford University Press.

WANG M C, LEE Y C, 2012. The signaling effect of independent director appointments[J]. Emerging Markets Finance and Trade, 48(5):25-47.

WASSERMAN S, FAUST K, 1994. Social network analysis[M]. Cambridge, U. K.: Cambridge University Press.

WATTS D J, STROGATZ S H, 1998. Collective dynamics of small-world networks[J]. Nature, 393(6884):440-442.

WOOD W, POLEK D, AIKEN C, 1985. Sex differences in group task performance[J]. Journal of Personality and Social Psychology(48): 63-71.

WU Q, 2012. Information conduit or agency cost: top management and director interlock between target and acquirer[J]. Ssrn Electronic, Journal.

YEO H, POCHET C, ALCOUFFE A, 2003. CEO reciprocal interlocks in French corporations[J]. Journal of Management and Governance, 7(1):87-108.

YOUNG C S, TSAI L C, HSIEH P G, 2008. Voluntary appointment of independent directors in Taiwan: motives and consequences[J]. Journal of Business Finance and Accounting, 35(9-10):1103-1137.

ZAHRA S A, PEARCE J A, 1989. Boards of directors and corporate financial performance: a review and integrative model[J]. Journal of Management, 15(2):291-334.

后　记

本书作为国家“十二五”重点图书出版规划项目“中国企业行为治理研究”丛书的第四本专著，既体现了浙江工商大学工商管理学院在公司治理领域已形成系列性的成果，又表明以郝云宏教授为带头人的公司治理研究团队已经日渐成熟。上述围绕大股东控制权私立、独立董事、网络治理、控制权配置、平台治理等一系列关键点形成的丰富研究成果体现的是众多教授、副教授、年轻博士、博士后、博士研究生、硕士研究生之间的协作。拥有能持续创新的研究力量是一件比一本专著问世更具意义、更有成就的大事。

作为第二本专门阐述独立董事相关研究的专著，沿袭第一本董事发挥梯度嵌入公司董事会的研究视角，进一步思考如何才能切实地发挥独立董事应有的价值，而单纯的评估体系又限制了指标选择的科学性。本书最初的撰写思路来源于对《上市公司独立董事履职状况调查问卷》（简称《问卷》）的阅读。《问卷》对我国独立董事制度的发展、基本情况、履职情况及存在的问题进行了阐述，发现投资者对独立董事工作的尽职情况不太满意，那么健全、合适的独立董事价值评估体系就成为衡量独立董事价值发挥的重要指标。

借助产业经济学 SCP 的分析框架，本书立足研究团队对浙江省内的企业情况具有较深研究的基础上，用了一个新的思路构建独立董事价值评估体系，并期望通过对浙江省内的民营企业进行大样本数据的分析，能够使其评估体系做到本土化和实务化，且对全国企业的独立董事价值评估起到抛砖引玉的作用。然而在研究过程中，虽然已经初步达成最初的研究目标，但是又发现了新的问题。在董事会治理的过程中，连锁董事现象日益凸显，而这种兼职兼任行为会给未来的公司治理格局，乃至独立董事价值发挥带来巨大的冲击和影响,这就使得本书的完成变成了一个新的研究起点,这也是我们在本书撰写过程中的一个重大发现,开启了独立董事研究的一个新方向。

正如前文所言,本书的完成是团队的结晶,我们团队有个骄傲的称号“郝门”,这也是郝云宏教授给我们所有团队成员指导的平台。作为本书的主持人,曲亮教授主要承担了整体框架的设计及研究的组织工作,并完成了关键模型的设计与验证,而还有大量的具体工作是各位项目成员心血的结晶。其中,章静和谢在阳是成果丰硕的“郝门”成员,他俩都曾与曲亮教授合作,并在《中国工业经济》上针对公司治理问题发表了相关成果,尽管两位同学选择了不同的职业发展方向,但是成就都是非常值得期待的。谢在阳同学在本书截稿时,顺利考取了南开大学的博士,为今后进行研究寻求了更高的平台。

本书的完成还有大批在读研究生的身影,陈聪负责了本书梯度子项目的设计工作,也以此为基础完成了自己的硕士论文;钱雅乐同学负责了本书文献综述部分的撰写和修改工作(总计 1.2 万字);郑燕妮同学负责了本书第 4 章机理分析部分的撰写工作(合计 1.3 万字);汪曦同学负责了本书第 3 章案例分析部分的撰写工作(合计 1.5 万字);沈伶俐同学负责了本书第 5 章实证数据的分析工作(合计 1.5 万字);吴东霞同学负责了本书第 8 章案例分析部分的撰写工作(合计 1.1 万字)。

非常感谢本书的责任编辑——浙江工商大学出版社谭娟娟学妹的辛勤付出,她也是本项目的重要成员之一,在为本书把关的同时,也提出了大量修改意见。感谢出版社的郑建副总编为本套丛书的辛勤付出,感谢各位的通力合作。希望通过此书能够使各位读者对我国民营企业独立董事价值实现及评估体系有所认识,借以推动我国独立董事制度的发展。